中华文化风采录

【古老历史遗产】

神奇的岩画

周丽霞 编著

北方妇女儿童出版社
·长春·

图书在版编目(CIP)数据

神奇的岩画 / 周丽霞编著. —长春：北方妇女儿童出版社，2017.5（2022.8重印）
（古老历史遗产）
ISBN 978-7-5585-1065-6

Ⅰ. ①神… Ⅱ. ①周… Ⅲ. ①岩画－介绍－中国－古代 Ⅳ. ①K879.42

中国版本图书馆CIP数据核字(2017)第103414号

神奇的岩画
SHENQI DE YANHUA

出 版 人	师晓晖
责任编辑	吴 桐
开 本	700mm×1000mm 1/16
印 张	6
字 数	85千字
版 次	2017年5月第1版
印 次	2022年8月第3次印刷
印 刷	永清县晔盛亚胶印有限公司
出 版	北方妇女儿童出版社
发 行	北方妇女儿童出版社
地 址	长春市福祉大路5788号
电 话	总编办：0431-81629600
定 价	36.00元

习近平总书记说："提高国家文化软实力，要努力展示中华文化独特魅力。在5000多年文明发展进程中，中华民族创造了博大精深的灿烂文化，要使中华民族最基本的文化基因与当代文化相适应、与现代社会相协调，以人们喜闻乐见、具有广泛参与性的方式推广开来，把跨越时空、超越国度、富有永恒魅力、具有当代价值的文化精神弘扬起来，把继承传统优秀文化又弘扬时代精神、立足本国又面向世界的当代中国文化创新成果传播出去。"

为此，党和政府十分重视优秀的先进的文化建设，特别是随着经济的腾飞，提出了中华文化伟大复兴的号召。当然，要实现中华文化伟大复兴，首先要站在传统文化前沿，薪火相传，一脉相承，弘扬和发展5000多年来优秀的、光明的、先进的、科学的、文明的和自豪的文化，融合古今中外一切文化精华，构建具有中国特色的现代民族文化，向世界和未来展示中华民族具有独特魅力的文化风采。

中华文化就是中华民族及其祖先所创造的、为中华民族世世代代所继承发展的、具有鲜明民族特色而内涵博大精深的优良传统文化，历史十分悠久，流传非常广泛，在世界上拥有巨大的影响力，是世界上唯一绵延不绝而从没中断的古老文化，并始终充满了生机与活力。

浩浩历史长河，熊熊文明薪火，中华文化源远流长，滚滚黄河、滔滔长江是最直接的源头，这两大文化浪涛经过千百年冲刷洗礼和不断交流、融合以及沉淀，最终形成了求同存异、兼收并蓄的辉煌灿烂的中华文明。

中华文化曾是东方文化的摇篮，也是推动整个世界始终发展的动力。早在500年前，中华文化催生了欧洲文艺复兴运动和地理大发现。在200年前，中华文化推动了欧洲启蒙运动和现代思想。中国四大发明先后传到西方，对于促进西方工业社会形成和发展曾起到了重要作用。中国文化最具博大性和包容性，所以世界各国都已经掀起中国文化热。

中华文化的力量，已经深深熔铸到我们的生命力、创造力和凝聚力中，是我们民族的基因。中华民族的精神，也已深深根植于绵延数千年的优秀文化传统之中，是我们的精神家园。但是，当我们为中华文化而自豪时，也要正视其在近代衰微的历史。相对于5000年的灿烂文化来说，这仅仅是短暂的低潮，是喷薄前的力量积聚。

中国文化博大精深，是中华各族人民5000多年来创造、传承下来的物质文明和精神文明的总和，其内容包罗万象，浩若星汉，具有很强的文化纵深感，蕴含丰富的宝藏。传承和弘扬优秀民族文化传统，保护民族文化遗产，已经受到社会各界重视。这不但对中华民族复兴大业具有深远意义，而且对人类文化多样性保护也有重要贡献。

特别是我国经过伟大的改革开放，已经开始崛起与复兴。但文化是立国之根，大国崛起最终体现在文化的繁荣发展上。特别是当今我国走大国和平崛起之路的过程，必然也是我国文化实现伟大复兴的过程。随着中国文化的软实力增强，能够有力加快我们融入世界的步伐，推动我们为人类进步做出更大贡献。

为此，在有关部门和专家指导下，我们搜集、整理了大量古今资料和最新研究成果，特别编撰了本套图书。主要包括传统建筑艺术、千秋圣殿奇观、历来古景风采、古老历史遗产、昔日瑰宝工艺、绝美自然风景、丰富民俗文化、美好生活品质、国粹书画魅力、浩瀚经典宝库等，充分显示了中华民族厚重的文化底蕴和强大的民族凝聚力，具有极强的系统性、广博性和规模性。

本套图书全景展现，包罗万象；故事讲述，语言通俗；图文并茂，形象直观；古风古雅，格调温馨，具有很强的可读性、欣赏性和知识性，能够让广大读者全面触摸和感受中国文化的内涵与魅力，增强民族自尊心和文化自豪感，并能很好地继承和弘扬中国文化，创造未来中国特色的先进民族文化，引领中华民族走向伟大复兴，在未来世界的舞台上，在中华复兴的绚丽之梦里，展现出龙飞凤舞的独特魅力。

磨刻技法——北系岩画

红色涂画——南系岩画

风格独特——其他岩画

北系岩画

我国古代北系岩画分布在今黑龙江、内蒙古、宁夏、青海、甘肃和新疆等省、自治区。其中，内蒙古阴山山脉、贺兰山北部、乌兰察布高原等地的岩画，多表现狩猎、战争、舞蹈等活动，描绘有穹庐、车轮、车辆等器物，还有天神地祇、日月星辰、原始数码以及手印、足印、动物蹄印等图像。

我国北方岩画作品风格写实，技法多是磨刻，主要反映了古代北方各狩猎游牧民族的宗教信仰、审美观念等方面的情况。

数量极其庞大的阴山岩画

在内蒙古巴彦淖尔市境内的阴山山脉中，东起乌拉特中旗的阿其尔山，西至磴口县的布敦毛德沟，东西横跨240千米的山地和草原的石壁上，镌刻、凿磨着精美的古代岩画，它们分布在153个区点上，共有

原始人生活场景

狩猎的原始人

5.3万余幅，是我国岩画数量最多的地区。

这些岩画分布面积广，题材数量多，内容丰富，艺术地表现了我国古代北方草原、山地狩猎游牧人的社会生活和意识形态，是中华民族艺术渊源的组成部分，它像一颗颗璀璨的明珠闪烁着不朽的光辉。

早在5世纪时，内蒙古自治区乌拉特前旗、乌拉特后旗、乌拉特中旗、磴口县境内的阴山岩画就被北魏地理学家郦道元所发现，他在著名的《水经注》中做了详细的记载。这些记载是世界上对阴山岩画最早的记录。

阴山岩画分布非常广泛，最多的地方在乌拉特中旗南部的地里哈日山的黑山上，东西延伸5千米，仅此一处，岩画就在1000幅以上。

在地里哈日山东北不远的山南坡和山顶部也有大

《水经注》 6世纪我国北魏时郦道元所著，全书30多万字，详细介绍了我国境内1000多条河流以及与这些河流相关的郡县、城市、物产、风俗、传说、历史等。该书还记录了不少碑刻墨迹和渔歌民谣。《水经注》文笔雄健俊美，既是古代地理名著，又是优秀的文学作品。

■岩画

量岩画，和地里哈日山岩画毗连一起，成为一个岩画集中分布区。

此外，在地里哈日山西南约8千米的瓦窑沟北山，每隔2～10米或稍远一些便有一处岩画，总数在900幅以上。

在磴口县的北托林沟山地的黑石上，一般2~3米就有一幅岩画，最远间隔不超过10米，其总数在500幅以上。

最密集的岩画群，一个在默勒赫图沟一处朝北的崖壁上，由80个人头像组成。另一个在格和尚德沟中段的一块朝西的石壁上，由50个个体画组成。

岩画面积最大的是乌拉特后旗大坝沟口西畔石头上的正方形岩画，面积达400平方米。

阴山岩画的创作年代可上溯到1万多年前，历经了十分漫长的岁月。阴山岩画题材之广、内容之丰、

荤粥 即匈奴，是一个或两个古代生活在欧亚大陆的游牧民族，他们在蒙古中心建立国家。后来内迁到我国中原的匈奴人在十六国时期成立地方政权。匈奴在夏朝时称荤粥，商朝时称鬼方，周朝时称猃狁、獯鬻，战国后才称匈奴。公元前3世纪，我国的编年史上已清楚地记载了"匈奴"这个名词。

世上罕见。与其他岩画相比，阴山岩画的主要特点有：

岩画的作画时代跨度大，可分为旧石器时代晚期、新石器时代、青铜时代、战国时期、秦汉时期、南北朝时期、隋唐时期、西夏时期、蒙元时期、明清时期共10个阶段。

阴山岩画分布在祖国北疆少数民族地区，在古代先后是荤粥、土方、鬼方、林胡、楼烦、匈奴、鲜卑、突厥、回鹘、党项、契丹、蒙古等少数民族繁衍生息、游猎驻牧的地方，这里留下的大量岩画是少数民族人民的杰作，是他们生产、生活和生存的历史见证，再现了他们当时的审美观、社会习俗和生活方式。

分布范围相当广阔，在全国十分罕见。

题材内容十分丰富，在全国乃至世界各地已发现的岩画题材和内容，大多可以在这里找到。

阴山岩画的鼎盛时期形成于中原地区战国到汉代的一段时期。这

模糊的山羊岩画

些岩画是当时我国北方的少数民族匈奴人制作的，许多岩画刻画了鹿的各种姿势，并且与内蒙古南部鄂尔多斯高原出土的匈奴铜鹿的形象相同。据郦道元在其所著《水经注》一书中的记载，岩画中一部分虎、马图形和鹿、马蹄印是在北魏以前雕刻的。

鹿 在古代被视为神物。古人认为，鹿能给人们带来吉祥幸福和长寿。作为美的象征，鹿与艺术有着不解之缘，历代壁画、绘画、雕塑、雕刻中都有鹿。现代不少街心广场、庭院小区矗立着群鹿、独鹿、母子鹿、夫妻鹿的雕塑。一些商标、馆驿、店铺匾额也用鹿，是人们向往美好，企盼财运兴旺的心理反映。

属于突厥风格的阴山岩画形成时间是从4世纪至10世纪早期，一些山羊图形的岩画与在蒙古国发现的唐代碑刻上的典型突厥风格的野山羊岩画相似。时间较晚的一组岩画属于蒙古、回鹘、党项等少数民族岩画。阴山岩画有相互重叠或新旧杂陈的现象，也有把早刻的图形加以补刻或增刻的痕迹。

但由于图形色泽、制作技术、画的风格特点不同，据此可以判断其年代的早晚。

阴山岩画大体上可以分为4个时代、5个时期：

第一代岩画是旧时器时代晚期至青铜器时代中期

■野马岩画

原始氏族部落的岩画。这是岩画的鼎盛时期，数量多，分布广，制作认真。

第二代岩画是春秋时代晚期至两汉时期匈奴人的岩画。

第三代岩画为中世纪岩画。这代岩画又可分为两个时期，即北朝突厥人岩画和五代至宋代回鹘、党项人的岩画。突厥人岩画数量较少，内容以表现家畜为主，其中山羊占有突出地位。

阴山岩画的表现手法有抽象化、图像画的特征。回鹘岩画的突出特点是用铁刃刻画而成，线条细而浅，题材多为仿前代作品，并有少数植物图案和回鹘文字。党项人岩画大多是敲凿而成，做工粗糙，但色泽新鲜，多如新作一般，并伴有西夏文字，形象性很强。

第四代岩画是元代以后蒙古族的作品，属近代岩画。岩画分敲凿岩画和颜料岩画两种。颜料岩画为蒙古民族特有，岩画内容除一部分反映生活、生产，如奔马、双峰驼、牧工图等之外，多数是与藏传佛教有关的图案。

阴山岩画的题材非常广泛、内容十分丰富，大致有以下几大类：

四不像岩画

四不像　即麋鹿，又名大卫神父鹿，因为它头脸像马、角像鹿、颈像骆驼、尾像驴，因此称四不像，原产于我国长江中下游沼泽地带，广布于东亚地区。后来由于自然气候变化和人为因素，在汉朝末年就近乎绝种。在我国近年来建立了麋鹿保护区，种群数量不断增加，据统计，现在有1000多头。

一类是动物图像。动物对于当时尚处于狩猎或放牧时代的游牧民族来说是息息相关的，它们是游牧民族主要的食物来源，而兽皮则用作缝制衣裳。

因此在岩画中，动物图像占的比例是最大的。其中有马、牛、山羊、长颈鹿、麋鹿、狍子、罕达犴、狐、驼、龟、犬、鹰等各种飞禽走兽。这些动物的刻画，大都采取了写实手法，一般的很形象而生动，有的甚至达到了写实与艺术的完美结合。

在乌拉特后旗有一幅群虎图，堪称是一幅精彩之作，9只老虎被刻画得栩栩如生，结构安排也很巧妙，浑然天成。

动物图像的代表作品是《动物百态图》，它分布在狼山炭窑口。

炭窑口是一个奇妙的地方，青翠的山脚下，一道红色的山岭由西向东延展开来，那散布着的石块宛如人工建造的防护堤，摞叠有序。

在那裸露的石壁、山崖上面，凿刻着许多十分生动的大型动物形象。其中有山羊、绵羊、羚羊、大角鹿、马、骡、驴、驼、野牛、野猪、狼、虎、豹等，有野驴、鸵鸟、四不像等，还有一些绝迹了的动物。

这些动物形象极具动感，或引颈长嘶，或回首短鸣，或慢步缓行，或四蹄腾跃；有的彼此含怒欲斗，有的相互舔吻亲热。

尤其半山腰陡壁上的一幅1米多高的骆驼岩画，由于崖壁坐北朝南，避开了猛烈的西北风的侵蚀，岩画保存得很好。那骆驼高昂着头，驼峰高耸，脚下踩着一只小动物，越发衬托出它的强健有力。

动物是古代草原民族赖以生存的衣食之资、生活之源，如此多的动物图像正是先民们对动物崇拜的印证。阴山岩画的动物图像极其丰富，占到总数的90%以上。除了炭窑口那些单独描绘的动物图像，大

人物面部岩画

人物岩画

多数的动物图像则与当时的狩猎生活联系在一起。

另一类就是牧猎场景。在游牧民族生活中，行猎、放牧是他们维持生存的手段。在狩猎上，有单人行猎、双人行猎、集体围猎。猎人所用武器，主要是弓箭、棍棒。

行猎图中突出的一点是猎人必有所获。他们追捕的动物，每每带箭受伤，反映了作画者祈求收获的愿望。而放牧图一般布局比较匀称，并且动物排列有序，形状优美。

牧猎场景的代表作品是《围猎图》，位于磴口县托林沟的一块岩石上。画面上4个手持弓箭的猎人呈扇形围住了一群野山羊，惊慌的山羊群朝一个方向奔逃，唯恐落单。画面气氛热烈而紧张，是先民真实狩猎生活的表现。

在遥远的古代，这样的岩画或许起着传授狩猎阵

阵法 指我国古代军队的野战队形，盛行于冷兵器时代，消亡于热兵器时代。我国最早的阵法，据说始于黄帝，黄帝为战胜蚩尤，从九天玄女那里学到天一遁甲阵法。我国古代作战是非常讲究阵法即作战队形的，称之为“布阵”。布阵得法就能充分发挥军队的战斗力，克敌制胜。

法的作用。

《双人猎》中，两个猎人拉满了弓，将箭射向一只长角羚羊。长角羚羊被技艺高超的射手追捕，自然无法逃脱，飞出的箭正中其头部和胸口。

猎人们已经是胜券在握，只等着挣扎的羚羊耗尽体力倒下。这样的画面生动地表现了作者作画时的激动心情，它寄托了那个遥远年代里的人们对生活的无限企盼。

《狩猎图》中，还有些带着原始宗教意味的内容。在乌拉特中旗吉公海勒斯太的石壁画中有一匹浑身中箭的野马，密如雨点的箭头指向野马的各个部位，反映出在弓箭狩猎时期，一弓一箭很难射死野马的实际生活内容。

还有一类岩画是表现古代车辆的画面。车辆是山

原始宗教 原始社会发展到一定阶段产生的以反映人和自然矛盾为主要内容的初期状态的宗教。人们以集体的力量和简陋的工具与自然界做斗争时，对自然界的千姿百态、千变万化得不到正确的理解。于是，恐惧与希望交织在一起，对许多自然现象做出歪曲的颠倒的反映，把自然现象神化，原始宗教便从而产生。

风雨侵蚀的岩画

动物岩画

区重要的交通工具之一，在某种程度上能反映当时的生产水平。

阴山岩画中，反映车辆的画面也为数不少，在磴口县西北的一座小丘下，凿刻有一幅《车辆图》，很具代表性。车辆的结构尚可辨认，由辕、轮、舆、轴构成，两轮大小稍有不同，左轮辐条8根，右轮辐条9根，舆作圆形，两毂间贯以车轴，辕在舆底轴上。

联系其他画面，这车可能是用于载运猎物的，可见作画时期，山区车辆使用已相当普遍了。

再一类是描述战争的场面。古代部落间的战争，在历史上是很常见的，岩画中也多有所反映，阴山岩画的《战争图》也大多数反映了某次重大的战役。

磴口县的格和撒拉沟有一幅《战争图》最为复杂，作品表现了部落之间的一场战争，画面用意明显，是在歌颂胜利的一方，这似乎是某一部落为了纪念某次战争胜利而特意制作的。

在乌斯太沟内还有一幅岩画，画面中“双辫长羽毛部落”和“光头部落”正在激战，前者挽弓搭箭，而后者却只持小腰刀。输的当然是“光头”一方，有的正在逃跑，有的身首分离，惨烈异常。整个画面胜败对比明显，很可能也是某部落为纪念一次战争胜利而特意刻下的记功图。

同时，阴山岩画中反映舞蹈场面的，随处可以见到。舞蹈是游牧民族生活的一个重要组成部分，因此舞蹈对于他们来说，不只是一种娱乐活动，在很大程度上与巫术有关。

岩画中舞蹈的形式，有单人舞、双人舞、集体舞蹈。磴口县西北部斯台沟岩画、乌拉特中旗的乌珠尔岩画都可以看到牧人的舞姿。他们在山色秀丽、风景优美的山沟中，在面向太阳的巨石上翩翩起舞。无论单人舞、双人舞还是集体舞，舞姿多是双臂高扬或双腿叉开。

他们或许是在庆功，或许是在举行某种宗教祭祀仪式，或许只是牧人们沉醉于那里自然景色的美好，来表露自己的舒畅心情吧！

野鹿岩画

■牧人骑猎岩画

西夏文 又名河西字、番文、唐古特文，是记录我国西夏党项族语言的文字。西夏景宗李元昊正式称帝前，命大臣野利仁荣创制。三年始成，共5000余字，形体方整，笔画繁冗，结构仿汉字。曾在西夏王朝所统辖的广阔地理带中，盛行了两个世纪。元、明两朝，仍在一些地区流传了大约3个世纪。

另外，反映生殖的岩画，在阴山岩画中曾多次出现。在科学尚不发达的当时，人们对生殖的道理还没有完全了解，或者为了祈求部落昌盛、人丁兴旺，这种思想也不自然地表现在岩画中。

古老的年代有这样一种狩猎风俗，捕获到野物以后，猎人们一定欢呼雀跃，然后将猎物抬到石壁上留下一只蹄印，再由岩画艺术家加工成画，留作纪念。

也可能是某个猎手见到或猎获过一种动物，于是就在发现这种动物的地方刻下它的巨大蹄印，向其他猎手指示它的踪迹。

在磴口县西北默勒赫图沟的崖壁上，还有80余个人头组成的圣像岩画。

据推测，这些可能是同一个部落中受人尊敬的已故长者或部落英雄。它们寄托着人们的怀念，也向后人讲述着部落的历史。

此外，还有用西夏文、回鹘文、藏文、蒙文记载的《书法图》，描写祭祀场面的《祈祷图》，描绘日月形象的《天文图》等，阴山岩画丰富的内容犹如一部记载游牧先民生活的岩刻图书。

阴山岩画的艺术魅力，无疑是来自它的质朴。在那还没有文字记载的年月，它们是人们表达的重要方式，它们融入了游牧先民最真实的情感，书写了人类文明史的动人一页。

岩画具有独特的价值，它以美术的图解形式，将古代居民的世界观，形象而真实地展现了出来。阴山岩画的发现，将缺乏文献记载的我国古代游牧民族的历史状况，生动地展示在人们面前，在我国岩画史上独具风格。

由于阴山岩画的题材广泛、内容十分丰富、文化内涵和底蕴又非常厚重，因此有的画面无法解读其中的秘密，也无法对岩画进行准确断代。

岩画的价值不仅仅体现在原始美术这一领域里，

回鹘 我国古代北方及西北的少数民族。原称回纥，唐德宗时改称回鹘。回纥人使用突厥卢尼文字，信仰原始宗教萨满教。回纥汗国助唐平定安史之乱，抵御吐蕃对西域的进攻，和唐王朝保持着相当密切的政治、经济和文化往来，促进了唐代的中外文化交流。

狩猎岩画

而且它融合了原始文化的各个方面，是原始社会的大百科全书。它之所以被称为边缘交叉学科，是因为它包含民族史、民族学、民俗学、语言学、原始宗教史、艺术史、经济史、神话学、哲学、天文学、美术史等各种学科内容。

岩画为这些学科提供翔实而形象的图像，也对史前历史文化的深入认识，产生深刻的影响。同时，阴山岩画以图画的形式承载着我国北方民族自强不息、百折不挠的精神，蕴含着中华民族特有的文化价值，体现着中华民族旺盛的生命力和不竭的创造力，凝聚着中华民族杰出的智慧，是弥足珍贵的文物资源，是连接民族感情的纽带。

在中外岩画史上，像阴山岩画如此数量庞大的岩画群是极为罕见的，的确堪称是我们中华民族古代艺术宝库中的瑰宝。

阅读链接

在郦道元之后的若干世纪里，再没有人去关注报道过阴山的岩画。直至20世纪30年代末，中瑞西北科学考察团才发现了几幅岩画。对岩画的全面考察是从1976年开始的。

此后，每年都有许多专家、学者和游人到巴彦淖尔盟境内考察和参观，先后共发现岩画1万多幅，其中做过拍照和临摹的岩画有近千幅。

20世纪70年代末，内蒙古著名考古学家盖山林先生对阴山岩画进行了全面考察，前后历经10多年，拓描阴山岩画1500多幅，并于1986年出版了《阴山岩画》专著，系统全面地介绍了阴山岩画的内容和艺术成就。

2006年，阴山岩画作为新石器至青铜时代石刻，被国务院批准列入第六批全国重点文物保护单位名单。

内涵深厚的贺兰山岩画

贺兰山位于宁夏平原西北部，是宁夏回族自治区和内蒙古自治区的界山，也是古代农耕民族和游牧民族生存与生活的交界之地。早在新石器时代，这里就有人类的足迹。贺兰山东麓分布着大量的岩画，

贺兰山岩画

■ 贺兰山特有的原始文字岩画

堪称是我国游牧民族的艺术画廊。

贺兰山在古代是匈奴、鲜卑、突厥、回鹘、吐蕃、党项等北方少数民族驻牧游猎、生息繁衍的地方。在绵延250千米的贺兰山东麓，在南北长200多千米的贺兰山腹地，自北向南20多个山口内的悬崖峭壁上和山口外洪积扇的山地草原上，分布着数以万计的古代岩画作品。

古代的少数民族把他们生产生活的场景，凿刻在贺兰山的岩石上，来表现对美好生活的向往与追求，再现了他们当时的审美观、社会习俗和生活情趣。

原始先民锲而不舍地将史前游牧民族狩猎、放牧、祭祀、娱乐等生活场景，磨刻在亘古不变的岩石上，成为现代人回望过去的“刻在石头上的史诗”。

贺兰山古代岩画记录了远古人类在1万年前至

突厥 中亚和西亚等民族的主要成分之一。从古代就生活在我国北方新疆和青海等地，自远古以来就是北方民族与中原民族交错杂居的地带，各族人民间的往来，通过各种渠道，在这里汇聚，因此，北方游牧民族与中原华夏汉族之间相互区别而又相互依赖的历史文化，在这里融合。

3000年前的生活场景，以及羊、牛、马、驼、虎、豹等多种动物图案和抽象符号，揭示了原始氏族部落自然崇拜、生殖崇拜、图腾崇拜、祖先崇拜的文化内涵，是研究我国人类文化史、宗教史、原始艺术史的文化宝库。

史诗 我国古代叙述英雄传说和重大历史事件的叙事长诗。是一种庄严的文学体裁，内容涉及历史事件、宗教或传说。史诗是人类最早的精神产品，在神话世界观的基础上产生、发展，最终又是对神话思想的一种否定。根据所反映的内容，史诗分为创世史诗和英雄史诗。

贺兰山岩画分布在贺兰山东麓3市9县共27个地点。其中银川市境内的贺兰山东麓共有12个岩画点，从北到南有大西峰沟、小西峰沟、白虎沟、插旗口、贺兰口、苏峪口、回回沟、拜寺口、水吉口、滚钟口、红旗沟、柳渠口。

银川境内贺兰山岩画的分布，有着明显的地貌特征，一般分布在沟口内外山体上和沟口外洪积扇荒漠草原上。依据岩画分布状况，贺兰山岩画可分为3种类型：山前草原岩画、山地岩画和沙漠丘陵岩画。

中国象形文字

在苏峪口以北至大西峰沟，岩画多分布在沟口内外的山体上，山前洪积扇荒漠草原上也有大量岩画分布。而苏峪口以南至柳渠口，山体岩画数量很少，荒漠草原上几乎没有

人工复原后清晰的岩画

岩画分布。

在沟口内外山体上的岩画，多集中在距离沟谷山根以上约10米的范围内，并呈片状分布。

这里最高处的岩画不超过50米，再向上则很少有岩画发现；沟口内的岩画，纵深分布在500米的范围内，数量以沟口为最多，越深入沟谷，两侧山体上的岩画就越稀少。

在山前洪积扇荒漠草原上的岩画，有“大分散，小集中”的分布特点，多数磨刻在可以移动的独石和出露地表的立石上。从沟口到洪积扇，岩画的空间布局明显地呈现出由密集到稀疏的扇状分布特征。

山前草原岩画主要分布于贺兰山北段的石嘴山区、惠农县境内；山地岩画主要分布于贺兰山中北段，多凿刻于深山腹地的崖壁上；沙漠丘陵岩画主要分布于贺兰山南段卫宁北山。

石嘴山岩画具体又可以分为麦如井、黑石峁、韭菜沟几个小地区。麦如井岩画是贺兰山最北端的一个岩画点，一般画面较小，多为个体图案，组合图案极少。画面以动物居多，也有个别的人物、植物或符号图案。岩画采用敲凿和划刻两种方法。

黑石峁岩画分布比较集中，主要采用敲凿法，少量为磨刻的图案，个别采用划刻法。

韭菜沟这一带的岩画中有虎的形象，形体强健，身体上饰有条纹装饰，由双钩刻线构图。另一种岩画内容是塔。

平罗县岩画具体可以分为龟头沟、白及沟、大西峰沟几个地点。

龟头沟岩画多朝向西，并且保存得较差，相当一部分脱落或不清楚，基本上用敲凿法，凿点大而深，图像粗糙而不规范，岩画内容以动物为主，也有个别人物图像。

白及沟岩画的人物形象中有征战的乘骑者和狩猎的猎人；动物包括北山羊、蛇、狗等。

这里的岩画还表现了生殖崇拜和太阳崇拜的内

太阳崇拜 世界上的太阳崇拜有五大发源地：中国、印度、埃及、希腊和南美的玛雅文化。人类所塑造出的最早的神是太阳神，最早的崇拜形式是太阳崇拜。根据《山海经》记载，我国的太阳崇拜起源于山东东部沿海的日照一带。整条珠江流域大多有太阳崇拜文化，特别是古骆越地为最，民间有祭天习俗。

■ 简捷写实的狩猎岩画

■羚羊 我国古代《山海经》中《西山经》有提到麢，就是现在的羚羊。其中藏羚是我国青藏高原的特有动物，生活于青藏高原广袤地域。在那十分险恶的地方，时时闪现着藏羚羊鲜活的生命色彩、腾越的矫健身姿，它们真是生命力极其顽强的生灵。

容。另有些其他标识和符号。

大西峰沟岩画内容有人面像、人物和动物，岩画共有8个点。

贺兰县岩画具体可以分为小西峰沟、白头沟、插旗口、贺兰口、苏峪口及回回沟。

小西峰沟岩画内容以动物表现为主，制作手法多为凿刻法，也有个别的使用磨刻方法。

白头沟岩画分布在叉子渠渠口北山坡的拐弯处，均面向东南。凿刻了羚羊、岩羊、北山羊、飞雀等动物，又有牧马图，其中的人物系有尾饰。

插旗口岩画内容有人面像、符号和动物。

苏峪口及回回沟岩画原有岩画200幅，但大部分岩画已被毁，现存的岩画仅有几十幅，以兀立山头巨大的《神牛图》最为著名。

青铜峡市岩画具体可以分为口子门沟、四眼井、芦沟湖、砂石梁、广武口子门沟砂石梁子山等地点。

口子门沟岩画内容以动物表现为主，制作手法为凿刻法。岩画主要散布在一座座山梁上，每一座山梁上的岩画数量都较少，而且比较分散。

四眼井岩画凿刻于贺兰山山体东侧的一道道的崖壁和岩石上，每一岩画点的岩画相对比较密集。

芦沟湖岩画散布在沟两侧的山崖上。

砂石梁岩画石质为红色，作画于岩石自然平整处。

广武口子门沟砂石梁子山岩画位于贺兰山余脉的内蒙古阿拉善左旗头道乡与青铜峡市广武乡的邻接处，凿刻着顶角的北山羊与狼、人骑、手印和脚印等。

中卫县地处黄河前套上首，西临腾格里沙漠。主要有苦井沟、大麦地、东沟、钻洞子沟、大通沟等地点。

贺兰山岩画

苦井沟岩画分布极广，也比较密集，几乎每一条岩脉上都凿刻有岩画。它的制作绝大多数使用的是敲凿法。

大麦地岩画有1000多幅。题材以动物为主，反映了狩猎和放牧的生活特点，除此之外，还有星辰、西夏文题刻等内容。

东沟山沟呈南北走向，俗名为中豁子口。岩画分东侧和西侧两个部分。

钻洞子沟岩画制作于山沟

贺兰山战争岩画

北侧的崖壁上面。内容包括羊群和马群、鹿和驼等动物；骑猎射猎的场面中有猎鹿和猎羊的情景，还有部落战争的场面；另有双人舞、符号和人面像等。

大通沟岩画有31组，凿刻着动物、人物与人面像或符号。

贺兰口岩画是贺兰山岩画中最主要的代表，内容丰富多彩。位于贺兰山中段的贺兰县金山乡境内，山势高峻，海拔1450米，俗称“豁子口”。山口景色幽雅，奇峰叠嶂，潺潺泉水从沟内流出，有千余幅个体图形的岩画分布在沟谷两侧绵延600多米的山岩石壁上。

贺兰口岩画分布在沟谷两岸的断崖石壁上，以沟口北崖向阳的岩画数量居多。岩画保存情况不一样，位于沟崖北侧的岩画保存明显好于南崖的崖面。

贺兰口是贺兰山岩画最为集中的一处，内容绝大多数是人面像，另有人物和马、羊、虎、牛、驴、鹿、鸟、狼等动物。岩画以敲凿法和磨刻法为主。

从画面的风格、题材和内容及剥落的情况看，贺兰口岩画的凿刻延续时间很长。画面艺术造型粗犷浑厚，构图朴实，姿态自然，写实性较强。

岩画中人首像画面简单、奇异，有的人首长着犄角，有的插着羽毛，有的戴尖形或圆顶帽。表现女性的岩画，有的戴着头饰，有的挽着发髻，风姿秀逸，再现了几千年前古代妇女对美的追求。

另外，还有的人首像，大耳，高鼻，满脸生毛，有的口衔骨头，有的面部有条形纹或弧形纹。还有几幅似一个站立人形，双臂弯曲，两腿叉开，腰佩长刀，表现了图腾巫觋的造型形象。

岩画中动物图形构图粗犷，形象生动，栩栩如生。有奔跑的鹿，有双角突出的岩羊，有奔驰的骏马，有摇尾巴的狗，有飞鸟的图形和猛兽的形象，有部分人的手和太阳的画面，还有原始宗教活动场面。

根据岩画图形和西夏刻记分析，贺兰口岩画是不同时期先后刻制的，大部分是春秋战国时期的北方游牧民族所为，也有其他朝代和西夏时期的画像。刻制

巫觋 原始社会专门管理氏族宗教信仰，侍奉氏族里的鬼神，男的称为觋，女的称为巫。巫觋的特点被认为能通鬼神。人类刚刚有信仰时，还没有专门的执事人，当时人大多会施巫，随着氏族的出现、信仰活动的增加，氏族长才较多承担宗教事务，后来连氏族长也难以监管了，才出现了专门的巫觋。

■ 人物脸谱岩画

方法有凿刻和磨制两种：凿刻痕迹清晰，较浅；磨制法是先凿后磨，线条较粗深，凹槽光洁。

贺兰口岩画的题材、内容与表现手法都十分广泛，富有想象力，给人一种真实、亲切、肃穆和纯真的感受。众多岩画为我们了解和研究古代游牧民族的历史、文化、经济状况、风土人情提供了极为珍贵的文物资料，堪称是一处珍贵的民族艺术画廊。

贺兰口曾经是史前人类做祭祀活动的场所，贺兰口沟口内成片的人面像岩画，应该就是史前人类祭祀的神灵，就像在欧洲也有人面像岩画存在的石壁一样，人们称它为“圣像壁”。

在这方圆不到1000平方米的沟谷两侧石壁上，集中分布有8处人面像群，而且每一处人面像群的构图风格、表现形式都不一样，人面的形象也不雷同，可能是不同民族部落在不同时代制作的。

因此，远古时代，贺兰口作为不同民族部落的祭祀场所，可能存在了几千年。

贺兰口最有代表性的一幅岩画是《太阳神》。这幅太阳神岩画是贺兰山岩画中的精品，它磨刻在距地面40余米处的石壁上，头部有放射形线条，面部呈圆形，重环双眼，长有睫毛，炯炯有神，看上去很威武。这就是古代游牧民族心目中的“太阳神”。

在远古时代，人们把畜牧的丰收、水草的丰茂，都归功于苍天的恩赐；而年景不好，缺吃少穿，则认为是上天对人类的惩罚。

太阳高居天体之上，主宰万物，所以人们特别信仰太阳，便把太阳人格化，刻画成岩画上的样子，表示对太阳的崇拜。

另一种可能，这是古代部落首领的头像，一些有功于氏族部落的首领也往往会被刻在石壁上，成为人们崇拜、祭祀的对象。

在这座山壁上，从上至下刻满了人面像，是贺兰

太阳神 世界各国都有太阳神。我国有太阳女神，这位太阳女神名叫羲和。我国最早的大百科全书《山海经》中有这样一个故事：东海之外，甘泉之间，有羲和之国。羲和国中有个女子名叫羲和，她是帝俊之妻，生了10个太阳。“太阳之母”是关于羲和的传说之一。《楚辞·离骚》说，羲和又是太阳的赶车夫。

贺兰山岩画独特风格的太阳神

口面积最大的“圣像壁”，有近60个人面像和30多个动物和符号，图形都十分清晰。这两个人面像面部轮廓线之内的五官构成一个人的形象，是生殖崇拜的产物。

远古人很崇拜生殖巫术，这是当时人们改造自然、祈求人类繁衍、动植物繁殖的需要。

坎坷的人生经历，使他们意识到，冥冥之中有一种超自然的“力”在为难他们，这就是祖先的灵魂。

灵魂主要集中在头部，为了实现人口繁衍、动植物旺盛，他们不得不“迎合”和“抚慰”这个灵魂，人面像便成为灵魂的寄存之所，无穷无尽的生殖力便渊源于此。

在这幅人面像岩画旁边，还题刻有5个西夏文字，用汉字翻译是“能昌盛正法”，还有几个西夏文“佛”字和一个西夏文数字“五”。从刻痕上看，这些西夏文明显要比人面像晚很多年。

据分析可能是西夏时代在贺兰山游牧的党项人发现了这些稀奇古怪的人面像，把它们认为是佛的化身，希望可以弘扬佛法，并保佑他

贺兰山人面像岩画

们永世昌盛。这是西夏人对岩画的一种诠释。

贺兰山岩画不仅见证了生活在这里的少数部族的原始崇拜、生活场景，也见证了贺兰山地区的人地关系演变。

贺兰山岩画是我国北方系岩画的重要内容，也是世界岩画的重要组成部分，其以时间跨度大、文化内涵深厚、表现形式丰富、分布区域集中、距离中心城市近而蜚声海内外，并以人面像岩画数量多且集中而在世界岩画中占有极其重要的地位。

侵蚀后的岩画

阅读链接

1983-1992年，宁夏文物考古部门曾先后对贺兰山岩画进行过两次普查。1993年，先后出版了《贺兰山岩画》和《贺兰山与北山岩画》。

贺兰山岩画发现不久，便在考古学界、艺术史学界、宗教史学界和民族史学界引起巨大轰动。1996年，贺兰山岩画被国务院公布为第三批全国重点文物保护单位。1997年，贺兰山岩画被联合国教科文组织国际岩画委员会列入非正式世界文化遗产名单。2002年，中外岩画专家召开“贺兰山岩画申报世界文化遗产研讨会”。

贺兰山岩画申报“世界文化遗产”有着重要意义，它对进一步发展宁夏文化及旅游产业，起到积极的推动作用。

分布范围广泛的青海岩画

青海地区幅员辽阔，山高水长，青海一直是多种文化交会的地方，青海岩画便是这多种文化内容之一。青海共发现岩画15处，分别在海南、海西、海北和玉树等牧业区。

青海岩画的族属当是古代的吐蕃。岩画根据内容和时代可分成两类：动物岩画和宗教岩画。其中动物岩画的年代在6世纪末和7世纪初，宗教岩画最早可上溯至晚唐。

青海岩画

动物岩画则以海西蒙古族藏族自治州天峻县江河乡的卢山岩画和格尔木市郭勒木得乡的野牛沟岩画为代表；宗教岩画以玉树藏族自治州玉树

市县巴塘乡的勒巴沟岩画为代表。

勒巴沟藏语意为“美丽沟”。这里自然风光神奇迷人，沟口是历史文化古迹文成公主庙，沟内有10多处岩画，勒巴沟岩画主要以佛像、菩萨、香客、瑞兽等为主。

勒巴沟岩画位于玉树境内的通天河畔。沿着通天河畔的一条山径来到这里，会让人同时产生两种截然不同的情绪体验：通天河的喧嚣、壮阔和勒巴沟岩画的静谧、神圣。

勒巴沟岩画面江而凿，处于勒巴沟沟口。勒巴沟内蓊郁的草木，也难以掩盖住由岩画和不可胜数、遍布沟内的嘛呢石刻散发出来的神秘气氛。

勒巴沟麋鹿岩画

从沟口唐末释迦像到后世打制的嘛尼石，可以发现整个藏族宗教石刻的历史。

勒巴沟岩画共3个地点：

1号岩画画面镌有佛、菩萨、香客、瑞兽等。技法为阴线轮脚打击。佛为立像，低肉髻，身着通肩圆领大衣，右袒，衣服贴身。

菩萨均结跏趺坐。供养人的制作比佛小2/3。这幅岩画带有浓郁的晚唐汉族佛教造像的风格。

2号岩画画面为佛教香客，发式为唐代侍女流行的双鬓抱面的抛家髻。衣服为唐开元、天宝间流行的小翻领、对襟胡服。

玉树 藏语意为“遗址”。玉树素有“江河之源、名山之宗、牦牛之地、歌舞之乡”“唐蕃古道”和“中华水塔”的美誉。中华民族的母亲河长江、黄河和东南亚第一巨川湄公河即澜沧江均发源于玉树。

■青海勒巴沟岩画

这幅岩画的发现，对汉、藏历史上文化交流和唐蕃古道等方面的研究，弥足珍贵。

勒巴沟3号岩画为藏地制法，时代显然比1号晚得多。东、西石壁各刻画一菩萨，结跏趺坐，头戴宝冠，身披璎珞。

西壁菩萨上方用阴线打制出一飞天，身着披巾、璎珞。披巾因风荡起，翩若惊鸿，不禁使人想起这样的诗句：

妙舞轻回拂长袖，高歌浩唱发清商。

青海境内发现的岩画多以动物个体形象为主，只有玉树勒巴沟岩画散发出浓郁的宗教文化的神秘气氛，可以感受整个藏族宗教石刻的历史。

勒巴沟除了形态各异、栩栩如生的佛像、供养

结跏趺坐 亦称“金刚跏趺坐”，略称“金刚坐”。又以为佛禅定时常用之坐势，故亦名“禅定坐”。再以加两趺而坐，亦称为“全跏”。如来佛多为此坐，又称为“如来坐”。结跏趺坐，普通的有两种：一种为吉祥坐，一种为降魔坐，坐法各不相同。

人像、香客，到处还可以看到《无量寿佛经》《般若经》《忏悔经》《行愿经》和《六字真言经》的石刻经文。这些精美的岩画带有浓厚的唐代汉族佛教造型艺术的风格。

胡服 历史上称北方的民族为“胡”。指胡人所穿的衣服，即西北地区少数民族的服装，与当时中原地区宽大博带式的汉族服装，有较大差异。一般多穿短衣、长裤和革靴。衣身紧窄，活动便利，史称“胡服”。

卢山山丘位于江河右岸，海拔3800米，相对高度约40米。山丘南部地势开阔，水草丰美，岩画散布于山丘。在南山坡上平面的30多块花岗闪长粉岩上，单独的、不相连的有面的岩石，即为一区，共31区。

卢山岩画有270幅个体形象，其中最大的为第一区，岩画约30平方米，画面约20平方米，上面有158个个体形象。最小的岩画仅数厘米，画面有一动物。

卢山岩画画面描绘的主要内容有动物、狩猎、战争、生殖及藏文字等。动物主要以牛、马、鹿、鹰、豹子、狗为主，牛最多，鹿次之。

卢山岩画生动地反映了古老的柴达木文化，不仅

■狩猎岩画

模糊的青海岩画

有很高的艺术价值，也有极高的学术意义。

凿画最早刻于魏晋至隋唐时期，下至吐蕃时期或晚唐时期。打制技法分为垂直打击法和阴线轮廓勾勒后加以磨光法两种。

另在卢山所在天峻县鲁芒沟内约4千米的东山根，也发现有3处不同形态的兽类岩画。整个场面以写实手法反映了高原动物群居生息的场面，作岩画时间在佛教盛行于当地的元明清代。

卢山岩画制作技法精致，绘制风格独特，表现内容广泛，画面上的动物神态灵活，生动逼真，有飞禽，有走兽，更多的是马牛羊等家畜。射猎图栩栩如生，活灵活现地刻画了古代先民的狩猎生活。

卢山岩画中的生殖图，采用象征手法，寓意深刻，是青海岩画中的珍品，既表现了刺激牲畜生产的巫术思维，也反映了吐蕃民族的文化观念。

动物以牛和鹿居多，牛的形态有被狩猎的牛和单

魏晋 是指我国东汉政权瓦解，三国到两晋的时期，也就是220年至420年，魏晋是我国历史上政权更迭频繁的时期，这一时期，我国文化的发展受到特别的影响。诸多新的文化因素互相影响，交相渗透，使这一时期儒学的发展及孔子的形象和历史地位等问题也趋于复杂化。

独静态的牛，在制作中，对小头、大角、肩胛从艺术上做了夸张处理，突出了长形尾巴。对鹿角做了大胆夸张，枝杈打凿得很精细。

狩猎画面4幅，有车猎、单人猎、围猎3种方式，车猎为双辕驾马，人立车上，引弓如月。箭射向车后的野牛。为了形象地表达射猎的意图，制作者将箭矢飞行的弧线也打凿出来。

战争画面有2幅，两人站立对身，腰悬箭囊，两矢相连。

卢山岩画中还有生殖画面一幅，男为侧身，女为正面，突出了生殖器的部位。

卢山岩画在内容上要比野牛沟岩画丰富一些，如生殖、战争等场面。制作技法也不相同。其时代稍晚于野牛沟岩画。

卢山岩画多为倾斜轮廓打击法，而野牛沟岩画则多为垂直通体打击。卢山的倾斜轮廓打击法往往施于

吐蕃 7－9世纪时，我国古代藏族建立的政权，是西藏历史上创立的第一个政权。吐蕃和唐朝虽然进行了长期的军事斗争，但友好往来一直是双方关系的主流。许多汉族人进入西藏，一些吐蕃贵族子弟也进入长安的国子学学习汉文化。汉文化的输入对吐蕃社会起了巨大的促进作用。

■ 狩猎岩画

■青海山崖的雪鹿岩画

护法神 简称护法，是佛教的护法者，拥护佛陀的正法。佛陀为顾虑末世会有诽谤正法、破坏寺塔者，就派请四大声闻、十六阿罗汉等护持佛法。梵天、帝释天、四天王、十二神将、二十八部众等听闻佛陀说法后，都誓愿护持正法，这些拥护佛法的众神被称为护法善神。

与野牛沟相似的垂直通体打击法之上，即卢山岩画许多为两期加工。或许由于时代稍晚一些，故在制作技法、绘制风格上，卢山岩画都比野牛沟岩画要精致。

卢山岩画的生殖图形打制得非常精细，并且生动形象。画面虽然有些漫漶不清，但其绘制意图却依然可以看得清楚。

野牛沟位于青海省海西格尔木市郭勒木得乡西北的昆仑山脚下，是一个峡谷地带。碧绿的野牛沟河不仅使野牛沟成为牧人们理想的牧场，也是野生动物的繁衍之地。

尽管由于野牛沟河水位下降，河流两岸的植被趋向沙化，但藏族先民们刻凿在石壁上的岩画却默默地告诉人们这里曾有过繁荣的历史。

野牛沟为当地牧民的夏季草场，因为在沟内野牛成群而得名。岩画所处的四道沟山梁为东南至西北走向，其间约有200个个体形象。

牛的形象在野牛沟岩画中占很大的比例。除了少数处于被狩猎状态外，大多为单独的、静态的牛。

在藏传佛教寺院中，几乎所有的护法神都是以牛的形象出现。在玉树一带，许多嘛尼石堆和住户大门上方都放置一个绘有六字真言的牛头枯骨。

显然，牛在草原游牧部落中，除了经济诸因素外，还带有宗教神祇的意味。牛以岩画形式出现，显然是受了吐蕃王朝初期佛教传入的影响。

野牛沟岩画系用铁制工具打凿而成，多为垂直通体打击，野牛沟岩画中骟牛驾车的凸凿平面图形，这种凿刻方式在其他地区极为罕见。

野牛沟岩画有藏传佛教的经文，也有反映早期居民生产、生活的，反映动植物的。岩画分布在约长

嘛尼石 又称玛尼石，是我国藏族的传统民间艺术，大都刻有六字真言、慧眼、神像造像、各种吉祥图案，以期祛邪求福。玛尼石可组成玛尼堆或玛尼墙，在西藏各地的山间、路口、湖边、江畔，几乎都可以看到。“玛尼”来自梵文佛经《六字真言经》的简称，因在石头上刻有“玛尼”而称“玛尼石”。

■ 清晰可见的野牛沟岩画

湖里木沟的大角羊岩画

100米、宽50米的地带内，是早期生活在这片土地上的先民生活画卷的生动、形象、真实再现，具有较高的考古价值。

湖里木沟岩画位于海南州共和县切吉乡然乎村东的青海南山山底，创作时间是6世纪至7世纪，时跨中原地区的唐、宋、元3个朝代，有可能延伸到近代。

湖里木沟岩画数量多，内容丰富，是青海岩画的典型代表。岩画表现内容广泛，包括动物、人物、狩猎、放牧、植物、舞蹈以及性爱等方面的内容。岩画上还出现了藏文的吉祥文字、藏族特有的吉祥结和藏传佛教的法器的符号。

岩刻散布在湖里木沟长约100米、宽约40米黄褐色的一座山坡的山梁上。一块黛色巨石，横卧在半山坡的枯草与石子中，几万年的栉风沐雨，使它变得光滑而圆润，岩石顶端一道裂缝却那么扎眼，它深深地嵌进了巨石的身躯中。

吉祥结 在我国是代表吉祥、富贵、平安的含义，结常出现于我国僧人的服装及庙堂的饰物上，是一个被视为吉祥的结式，因此得名为“吉祥结”。可寓意吉祥如意、吉祥平安、吉祥康泰。吉祥结为十字结之延伸，亦是古老装饰结之一，有吉利祥瑞之意。

刻在岩石上的一头野牛，低着头，高高扬起尾巴，像是喷着响鼻低吼着，它的前蹄仿佛就要刨起脚下泥土，就那么愤怒地与眼前敌人对峙着，高高耸起的肩胛骨显示着它的高傲与不可侵犯，而从那健壮的四肢，已然看到血脉在那一刻全然扩张。图边有岩刻羊、马等，或同在一块草地上觅食，或在辽阔的草原上结伴同行。

岩画中还有鹿、蛇、狼、大角羊等野生动物的出现，勾画出一幅水草丰美、人与家畜和野生动物在一片蓝天下和睦相处的画面。

其中还有一幅舞蹈岩画，是众人手拉手舞蹈的场面，这与在大通和宗日发现的马家窑彩陶盆上的舞蹈场面非常相似，弥足珍贵。

岩画刻画在一排排高低起伏的细沙岩边上，这些岩画不是远古宗教的遗痕，更不是先民们浪漫的想

法器 又称为佛器、佛具、法具或道具。就广义而言，凡是在佛教寺院内，所有庄严佛坛，以及用于祈请、修法、法会等各类佛事的器具，或是佛教徒所携带的念珠，乃至锡杖等修行用的资具，都可称之为法器；就内义而言，凡供养诸佛、庄严道场、修证佛法，以实践圆成佛道的资具，即为法器。

■ 湖里木沟的野兽岩画

象，而是一幅活生生的生活图景。

凡是游牧于柴达木的民族，不论西羌、吐谷浑，还是吐蕃、蒙古族，都曾在广阔的草原上留下了逐水草而牧的足印。

他们用灵巧的双手、简单的工具，在岩石上雕下了各种各样的图画，成为记载他们生产生活的宝贵文化遗产。

湖里木沟岩画是由利器雕琢于砂质岩面上的，雕痕最深达2毫米，由于这里独特的气候条件，岩画基本保存完好。

制作的方法是用钝器或花岗岩石块在比较平坦光滑的石头上雕刻，线条没有明显的凹陷。

由于石头和凿磨的线条都被氧化层所覆盖，它们之间的区别只是线条颜色深于石头，依稀可辨。

湖里木沟岩画有很高的学术意义，它弥补了游牧民族居无定所而造成的文物、文献史料不足的缺憾，丰富了中国古代文化宝库，并具有很高的艺术价值，是一个灿烂多彩的艺术画廊。

阅读链接

青海岩画最早是于20世纪70年代末在刚察县哈龙沟发现，并正式在《青海社会科学》上加以报道的，嗣后于20世纪80年代初，由原青海考古队对哈龙沟岩画从考古学角度重新加以考察，并与海西都兰县巴哈默力沟发现的一处新的岩画地点一起加以报道，发表在《文物》杂志上。

1985年，成立青海岩画考察队，对青海地区的岩画进行全面的考察。后来于1997年至1998年又进行岩画的直接断代研究，并又进行了一些零星地点的调查和补查。

经过十几年的调查与研究，青海岩画方面的成果显著。在国际岩画专门杂志上发表了10余篇有关青海岩画的调查与研究论文，国内学术刊物上发表近20篇。此外，世界岩画艺术委员会所出版的《世界岩画丛书》也已将《青海岩画》包括进去。

南系岩画

南系岩画在今福建、广西、云南、四川、贵州等省、自治区均有发现。其中云南沧源岩画在阿佤山区，靠近中缅边境。

岩画内容丰富，能表现出人们各种生产生活的活动场面。广西左江流域已发现80余处岩画点，其中宁明县花山崖壁画，画面宽约221米，高约40米，为国内规模最大的岩画。

我国西南地区的岩画，主要分布在云南省，表现内容主要是宗教活动，作品技法以红色涂画为主。

佤族历史画卷的沧源岩画

沧源岩画是位于云南省沧源佤族自治县勐省、勐来乡境内的一处古老的文化遗址，是我国最古老的崖画之一，先后发现崖画地点11处，一般绘制在垂直的石灰岩崖面上。

表现有人类生产的沧源岩画

表现有战争场面的沧源岩画

沧源是一个多山的地区，这里森林茂密，珍禽异兽活跃其中，每年5月至9月，充沛的雨水滋养万物生长，优越的自然条件，使这里成为自古以来各民族繁衍生息的家园。

沧源岩画是用赤铁矿粉与动物血调合成颜料绘制在石灰岩崖面上，可辨认的图像有1000多个，包括人物、动物、树木、太阳等，多为狩猎和采集场面，也有舞蹈、战争等内容。

沧源岩画具有3000多年的历史，采用剪影式轮廓画法描绘人物，不仅绘制技法简单、粗率，而且造型稚拙、古朴。

沧源岩画共发现15个点，全都分布在海拔1200~2000米之间的山上。其中，第一、第二、第六、第七等岩画点，画面内容较为丰富，也更具代表性。

沧源岩画内容极为复杂，以人像居多，人物似为

剪影 剪纸形式的一种。运用剪刀和黑色纸剪制人物、动物或其他物体的典型外轮廓，通过影的造型表现形象。早在我国东晋的《搜神记》中记载：汉武帝宠爱的李夫人死后，他非常想念。李少翁说能招来她的灵魂。夜设帷帐，点亮了灯烛，但见一美女在帷帐中，汉武帝看后更为感伤。这是有关剪纸的最早记载。

杂耍 一部分游艺活动项目的称谓。一般指某些活动性的游戏，如投掷、套圈等。也专指杂技表演中手技和顶技节目。有民间杂耍表演，如木偶、魔术、猴戏等。我国旧时对曲艺、杂技等技艺亦合称“什样杂耍”。

裸体，男多女少，部分有头饰、尾饰。次为动物图像以及太阳、树木、手印、舟船、洞穴、道路等。描绘场面有房屋、村落、舞蹈、归家、娱乐、斗象、杂耍、战争、祭祀、狩猎、放牧、舂米等。

据推测，沧源岩画绘画使用的工具多为树枝、竹片、手指、石头等。岩画的1000多个图形中有人物785个、动物187个、房屋25座、道路3条、各种表意符号35个。

这些图像，从不同的侧面描绘了原始生活的场景，连缀起来，就可以作为一幅原始社会的历史画卷。图像显示，先民们的劳动，主要从事狩猎、畜牧、采集。他们张弓搭箭、持棒甩石，猎取野兽，包括猴、牛、猪、羊等。

他们把捕获的一些动物加以驯养，以备日常的需要，骑牛、牵牛、赶猪、养狗、围象的图画频频出现，尤以牵牛的图像较多。看来，当时驯养畜类已经开始。

古人类创作岩画

同时，先民们还从事采摘野果的劳动，低处举手采摘，高处叠立摘取，更加直接地表现了农业生产活动的场面。

岩画的人物图像，身体部分多画

■原始社会动物岩画

成较为单一的三角形，面部没有绘制五官，四肢部分变化较多，通过双臂、双足的多种动态，表示人在做何种事情。

身上也未绘衣、裤之类，唯一头上有一些装饰，有的头部扮成鸟形，有的呈羽状，有的饰以枝条、穗状物，有的翎状头饰，长几乎与人身相当，少数腰部有裙状物。看来，当时的穿衣问题尚未解决。

至于先民们的住房，则有3种：岩洞、巢居、干栏式的简陋房屋，并开始有村落。

岩画中还有一些娱乐活动的场面。如用树藤穿上枝叶作为“道具”起舞；大人头顶叠立小人走动，头顶羽状长竿，手提花簇的杂耍，手舞流星般的甩石活动，头戴牛角、臂插角刺的单人、双人舞蹈，甚至有5人围成一圈扬手起舞的生动图景。

还有几个特殊的图画：在光芒四射的太阳图像中

族长 亦称“宗长”。族民们为了自身或共同的利益，一般推举族内德高望重的男性长者为族长。族长具有很大的宗法权力，宗族内部的管理和各项事务的主持一般由族长担纲。小如家庭纠纷、婚丧喜庆，大如祭祖、祠庙管理等事务都要主持。他们所拥有的权力，便是族权。

原始社会岩画

剽牛祭祀 我国佤族等的传统民俗。传说在远古时期，大地被滔天洪水淹没，佤族的先祖被困在一棵大树上危在旦夕。这时一头水牛游过来让他们骑到自己背上并驮到一个安全的地方。洪水退后，幸存的佤族先人又遭遇饥饿，那头水牛又请求佤族先人将自己宰杀充饥。从那以后，佤族人感恩水牛，每逢重要祭祀活动便要剽牛并奉上最神圣的牛头。

立有一人，称之为“太阳人”，它反映出原始社会人们对太阳的崇拜。

另一幅图像：一头牛拴在木桩上，牛后有数十个戴有角、尾头饰的人物，右侧有人执武器，还有人于左侧列队起舞，其中有一个头戴牛角的巨人在月亮下跳舞，从形象和位置的特殊看，此人似巫师或族长。似乎这是最早的剽牛祭祀活动。从这些图像中，可窥见原始宗教的若干影子。

在佤族，流传着一个创世纪神话：在人类远古的洪荒时代，只剩下一个佤族女人漂泊到司岗里的高峰上幸存下来。这个女人受精于日月，生下一男一女。

一天，阿妈正坐在岩石上采用天上的彩云织布，突然一头牛跑来报信，说她的儿女双双掉进海里去了。那时候司岗里群山的周围是苍茫的大海。

阿妈焦急万分，就请牛去救。牛会凫水，下到海里把兄妹俩驮在脖子上送到了岸边。阿妈感激不尽，便立下规矩，把牛作为佤族永远的崇拜……

沧源岩画出现后，当地佤族人民视为神画。每当春节时，常有人去祭献。

相传，还有人将岩画的图案织在布上，且十分逼真，平时保存在头人家，到春节时才挂出来。勐来岩画点背后那座高山，叫“农格罗”，即木鼓林之意。在古时候，佤族祖先在那座山里放着木鼓祭谷神。

沧源岩画有十几个集中地点，其中几个点的画面内容较为丰富，更具代表性。

勐乃乡东北点郁郁葱葱的山上，一块灰黄色的崖壁醒目地突起，就是第一岩画点。

在这儿附近居住的傣族和佤族都认为，崖壁上住着可以赐福给人的仙人，因此每逢过年他们都会从村

洪荒时代 也就是原始时代。那时尚没有文字记录先民的生活状况，后人往往凭想象、传说、神话去加以了解。现代由于先史学、考古学、人类学、地质学的发达，对于洪荒时代的情况，才推断出一个近似的了解。

岩画狩猎图

岩画石

寨赶来祭祀，遇到生病或者什么困难，也会到这里来拜求仙人寻找解救之法。30米长的崖壁上，岩画在眼前蔓延开去，崖画的绘画手法像是一种剪影，简单却特点鲜明。

有一处画面上数十只猴子排成一列，在崎岖不平的山路上行进，向上爬的猴子尾巴下垂，向下爬的猴子则长尾上翘，当地人都知道，猴群爬山的情形也的确如此。

猴群之下，是众多的牛的图案，扁长的牛角一看便知是水牛，它们有的被人骑在背上，有的被人牵着，有的被张满弩的人瞄准，有的两两相对，做出格斗的架势。

在牛图像的右边，呈现出一系列丰富的杂技表演：顶杆、弄丸、双人叠立，热闹非凡。画幅的最下面是人们持弩猎象、猎豹的场景。

第二岩画点位于丁来大寨通往曼坎的路旁，这里最著名的是一幅规模宏大的《村落图》。

干栏式房屋围绕而成的村落井然有序，村子中间的空地上，矗立着两座大型房屋，像是公共集会地或是部落首领的居所。村子外边，肩扛长兵器的战士排着队伍凯旋。旁边的小路上，人们带着各种牲畜赶往

干栏式 我国住宅建筑形式之一。又称高栏、阁栏、麻栏、葛栏、干栏。这种房屋是以竖立的木桩为基础，其上架设竹、木质大小龙骨作为承托地板悬空的基座，基座上再立木柱和架横梁，构筑成墙围和屋盖，柱、梁之间用树皮茅草或草泥填实。上层住人，下层用作圈养家畜或置放农具。此种建筑可防蛇、虫、洪水、湿气等的侵害。

村子，那是这次战争的战利品。

从曼坎前往勐省，一路上是苍翠的阿佤山，甘蔗成林，茂密的云南松像一顶顶绿色的草帽扣在一个个山头上，佤族的村寨包围在大青树和巨龙竹之中。不远处的绿荫之中，又是一处灰黄的峭壁，那就是第六岩画点了。

第六岩画点最多的是各种人物图像，这些人物都格外爱美。他们的肘部、膝部、头上都装饰上羽毛，有的还身披羽衣，张开双臂就如同飞鸟展翅，人称“鸟形人”，华丽异常。

这些人大都是舞者和巫师的装扮，更多的人物则头戴兽角、兽牙，耳朵上挂着如后来佤族妇女佩戴的大大的银制圆饼耳环。人物四肢的描画也不再简单地用直线表示，而是绘出了人的自然曲线，从而显得肌肉发达，强壮健美。

第六岩画点有一幅描写战争的《庆功舞蹈图》，格外引人注目。画面上有7个战士，全都是一手持盾，一手持棍，两臂张开，双腿下蹲，正随着前面一个高大的领舞者跳舞。7个战士后面还有5人叉着双手并排舞蹈。

一些伴舞者在主舞者周围高举手臂，其中两个露出女性乳房和生殖器官。整个舞蹈场面气势恢宏，令人看后仿佛听到那神圣的木鼓雄浑激昂的“咚咚”声，战士们正伴随着鼓点有节奏地摆动着。

描写放牧生活的《牧牛图》中，一个人费力地拉着一头牛爬

坡，后面跟着牛群。

这种放牧法颇像云南少数民族的“野放法”，即将牛羊牲畜放于山上，任其在野外生长、繁殖。因为放得太久，牧人们想要拉回祭祀或屠宰时，往往很费劲。唯有看准头羊或头牛，拿绳索套上它的头强拉回来，其余的牛羊才随其返回。

在第六号岩画点还有一幅《穴居图》。画上，圆形的洞口旁岩石层层叠叠，山洞四周站满了人，另有一人正张着手臂从洞口钻出来。

佤族民间流传着一个“司岗里”的创世史诗，说在远古的时候，人被囚禁在密闭的大山崖洞里出不来，万能的神灵莫伟委派小来雀凿开岩洞。老鼠引开守在洞口咬人的老虎，蜘蛛织网缠住不让人走出山洞的大树，人类历尽磨难，终于走出山洞，到各地安居乐业。

司岗就是洞的意思，“司岗里”就是从岩洞里出来，特指地理位置在沧源县岳宋乡南锡河对面缅属岩城附近名叫巴格岱的地方。过去佤族每年都要到巴格岱“司岗里”处剽牛祭祀纪念“司岗里”。

永德海村东北点有著名的《圆圈舞》岩画，在画面上，有5个人围成了一个圈，高举起一只手臂，垂直投影的画法使他们看上去像5片盛

动物岩画

放牧岩画

开的花瓣。

这种抒发人们愉悦心情的舞蹈一直流传在云南少数民族，是一种群众性娱乐节目，佤族人每逢过年，不论男女老少都要围着篝火，跳上一曲《圆圈舞》。

沧源岩画均呈红色，是用赤铁矿之类的颜料所绘，画具或用手指。图形较小，以人像为例，大者身高不过20~30厘米，小者身高不足5厘米。

红色为很多远古民族最喜爱的颜色，它象征着生命和欢乐。

沧源岩画的画面集中，常以连贯的手法表现出当时人们的狩猎、斗象、舞蹈和战争凯旋等场面，内容明显可辨。

同时，沧源岩画的人均不绘面部，而着重表现其四肢，通过四肢的不同姿态，可以看出人的动作、行为，甚至可以看出身份和地位。

神灵莫伟 我国佤族传说中人类祖先的化身，他平时住在天宫，不问人间之事。只有听到木鼓之声，才会下凡为人类解危救难。佤族敲木鼓就是为了祭祀“莫伟”神的。佤族人民认为敲木鼓可以通神灵，驱邪魔，降吉祥。当时，遇有战争等紧急事态，用木鼓示警聚众；猎手捕获虎豹等野兽，也要击鼓表示敬意。

沧源岩画的动物则着重表现耳、鼻、角等特征，通过这些特征可以辨别动物种属。无论动物或人物，一般是遍身涂色，只有少数图形仅绘轮廓。

或许，沧源岩画是一支在迁徙途中的佤族人所绘。他们沿勐董河逆流而上，到达勐省坝，在石佛洞中安顿下来。为了给后来者留下路标，他们在沿途的石崖上画上岩画，告诉人们他们在勐省坝的生活，希望后来的人能循此找到他们。

于是，他们用手指蘸着红色的颜料，在一块块光滑的峭壁上描绘下美好欢乐的生活，用血液的颜色书写生命的热情。

一幅幅岩画幻化成与真实交织在一起的场景：夕阳的余晖为阿佤山披上了一层金色的霞衣，山路上牛铃叮咚，牛群掀起阵阵灰尘奔向畜圈，剽悍的佤族汉子挎弩、肩扛着犁，带着一天的辛劳在落日的余晖中返回山寨。寨内炊烟袅袅，臼声阵阵。月亮升起的时候，寨子里响起纯净旷远的歌声……

阅读链接

司岗里是佤族老祖先出世的地方。因此，许许多多的佤族人民，经常会到司岗里朝拜，同时把那里的山崖岩洞、溪水飞瀑、树木花草、飞禽走兽、蓝天白云都绣在他们的衣服上。

佤族人始终记得：我是从神圣的司岗里走出来的阿佤人的后代，司岗里的灵气总会与我同在……

各地区的佤族虽然对“司岗里”解释不同，但都把阿佤山视为人类的发祥地，共同反映他们都是阿佤山一带最早的居民。“司岗里”是佤族对自己本民族古穴生活的回忆。

壮族先民创作的花山岩画

花山位于广西壮族自治区宁明县城西南的明江河畔，是一座断岩山，临江断面，形成一个明显内凹的岩壁。岩壁上留存有大批壮族先民骆越人绘制的赭红色岩画，这就是举世闻名的花山岩画。

花山岩画是我国战国至东汉年间绘制在崖壁上的图画。是左江流

崖壁上的花山岩画

宁明县花山岩画岩壁

西汉 又称前汉，与东汉合称汉朝。是我国古代秦朝之后的大一统封建王朝。公元前202年，刘邦建立西汉，定都长安。西汉开辟了连接欧亚大陆的丝绸之路。确立了儒家的核心地位。西汉是当时世界上最强盛的帝国。对中国2000年封建社会和世界历史进程产生了决定性的影响。

域岩画群的代表，也是我国单体最大、内容最丰富、保存最完好的一处岩画。

花山与“画山”谐音，壮语名为“岜来”，汉译为“有画的石山”。花山岩画高达40米，宽221米。这里共有图像1800多幅，最大的高达3米，最小的仅0.3米。岩画的人群分布在几千平方米的崖壁上。岩画气势雄伟，内容丰富，是我国最大的一处岩画点。

花山岩画内容丰富多彩，绘画技巧高超，非常富有特色，可以说是岩画中的精品。

花山岩画的绘制年代早期可追溯至春秋战国时期，距今已2500多年的历史。历经了战国、西汉、东汉等多个历史时期的不断完善，才形成这震撼人心的鸿篇巨制。

现存的花山岩画长172米，高50米，面积达8000

多平方米，可辨认的图像有111组1800多幅，内容包括人物、动物和器物3类，以人物为主。

人物只画出头、颈、躯体和四肢，无五官等细部。基本造型分正身和侧身两种。正身人像形体高大，皆双臂向两侧平伸，曲肘上举，双腿叉开，屈膝半蹲，腰间横佩长刀或长剑，神情潇洒。

侧身人像数量众多，体型较小，多为双臂自胸前伸出上举，双腿前迈，面向一侧，作跳跃状。

岩画中的中心人物居于画的中央，身材魁梧，头戴虎冠，身佩长剑，威风凛凛，是队伍中的首领。

一般的头领也是体魄健壮，彪悍异常，与众不同，突出于群体之中。侧身人像数量众多，有的头戴饰物，有的赤身裸体，有男有女，动作刚健有力。

众多的体型较小的人物簇拥在体型高大的“首领”周围，形成众星捧月的构图。远看，岩壁上一片

东汉 我国历史上的一个大一统朝代，东汉又称为后汉。东汉时的首都洛阳被称为东京，因此又以东京为东汉的代称 。25年，刘秀称帝，仍沿用汉的国号，以这一年为建武元年。汉明帝和汉章帝在位期间，东汉进入全盛时期，史称“明章之治”。

■壮观的巨幅岩画

羊角钮钟 我国战国至西汉时期器具。钟为合范铸造，全器呈椭圆形，上小下大，平口；顶部有竖长方形穿孔，并有分歧外侈的羊角形鋬钮。全身素地无纹饰。羊角钮钟被视为岭南越族所特有的一种乐器，当为悬挂起来击打奏乐之用。击奏起来钟声洪亮，音域宽广，当为古时在集会、宴饮等盛大的场合中使用。

赤红如血，近看，画像密密麻麻，整幅画面把许多元素混杂在一起，喧闹而热烈。

动物图像主要是狗，皆侧向，作小跑状。器物图像主要有刀、剑、铜鼓、铜羊角钮钟。刀、剑一般佩带在正身人腰部。

画面上的铜鼓数量非常多，只画出鼓面，有的鼓面中心有芒，个别鼓面侧边有耳。这些图像在画面上交错并存，组合成一个个单元，排满整幅画面。

典型的组合是以一个高大魁伟、身佩刀剑的正身人为中心，他的脚下有一条狗，胯下或身旁放置一面或数面铜鼓，他的四周或左右两侧有众多的体型矮小的侧身人。

这些画面可能是一场祭祀活动仪式的记录，是巫术文化的遗迹。岩画由于长期暴露，许多画像颜色逐渐剥脱，模糊不清，有的画壁已崩落，现正在研究保护措施。

宁明花山岩画

花山岩画

花山岩画正面临江，崖壁明显内斜。画面长 172米，距江面最高90余米，底部高出江面30米，距离山脚一级阶地 3~10米不等。

岩画的绘画颜料是赭红色的赤铁矿粉，用动物脂肪稀释调匀，用草把或鸟羽直接刷绘在天然崖壁上。

花山岩画的画法采用单一色块平涂法，只表现所画对象的外部轮廓，没有细部描绘。风格古朴，笔调粗犷，场面十分壮观。虽然画面上只有一种颜色，人物也仅仅是用线条勾勒出大致的轮廓，但浩大的场面形成奔放、豪迈的气氛，令观者产生热烈、宏大、庄严的观感。

仰视岩画，一幅壮丽的画卷展现在眼前：铜鼓声声，人欢马跳，群情激奋，欢声雷动。一个个赭红色人像组成的画面，既像庄严隆重的祭祀场面，还像钢筋铁骨的兵马阵，也像先民狩猎归来的丰收欢乐图。

巫术 是一种企图以超自然、神秘的方式影响世界的方法。在原始时代，人类对于自然界的认知与改造能力不足，因而对于自然界的千变万化，产生强烈的恐惧和敬畏之心。人类为了生存，凭借着对大自然的一些神秘和虚幻的认识，创造出各式各样的法术，期望能够寄托和实现某些愿望，这种法术一般通称为巫术。

图腾崇拜 发生在氏族公社时期的一种宗教信仰的现象。一般表现为对某种动物的崇拜，也是祖先崇拜的一部分，图腾主要出现在旗帜、族徽、柱子、衣饰、身体等地方。图腾崇拜是将某种动物或植物等特定物体视作与本氏族有亲属或其他特殊关系的崇拜行为，是原始宗教的最初形式。

岩画虽然线条粗犷，却又栩栩如生。有的人像双手向上，双腿马步而立，形如青蛙；有的头扎发饰，腰挂环首刀，像英勇的武士；有的则侧身，作捧物状，似在欢歌起舞。

在这些人像之间，还穿插画有一些动物、兵器、乐器等图像，整幅岩画气势恢宏，热情奔放，内容丰富且带有神秘色彩，构成了一幅史诗般壮丽雄浑的壮民族历史画卷。

这些崖壁画是壮族先民通过图腾崇拜以祈求五谷丰登、人丁兴旺，其线条粗犷，造型古朴，历经数千年风雨侵蚀，依然清晰可见，不仅在广西，在世界上也极为罕见。

关于花山壁画的传说，也充满了浪漫的色彩。其中流传最广的一个故事是这样的：

古时候有个奇人叫蒙大，他10来岁就食量惊人，

宁明花山岩画全景

清晰的岩画

且力大无比。那年兵荒马乱，官刮民财，老百姓苦不堪言。蒙大忍受不了压迫，决心起来造反，但苦于没有兵马刀枪，怎么办？他每天上山砍柴，总是呆呆地坐在石头上一筹莫展。

一天，来了一位银须白发的老人，送给蒙大一沓纸和一支笔，老人吩咐道："你在这纸上面画兵马刀枪，等到满100天，纸上的兵马就会变成真人真马了，但千万不要让任何人知道。"老人说完便飘然而去。

从此，蒙大每天干活回来，就关在屋里写写画画，废寝忘食。他母亲觉得奇怪，追问他，他总是说："100天后你就知道了。"

谁知在第99天时，蒙大的母亲实在按捺不住了，心想：只差一天不要紧吧，待我看看他画的是什么。于是，她趁蒙大不在家，便推门进去打开画箱。刹那间，只见那些尚未成真人真马的纸片哗啦啦飞出屋外，粘在村前的崖壁上，变成了壁画。

有一种理论认为，岩画是骆越民族首领用以显示

骆越民族 骆越是很早以前就居住在我国南方的古老民族。早在周代，我国就有骆人的记载，周至汉代活动于今广西地区的人们，有时被称为骆越，有时又被称为西瓯，有时则西瓯、骆越并称。可见他们间的关系是很密切的。从地理位置上也可以看出，西瓯是指与东瓯相对的居于古岭南地区的人们。

统治力量，宣扬自己文治武功的。

据考证，两汉时期，今崇左、宁明、龙州、扶绥等地分散着骆越民族的多个部落，其中宁明当地这个部落势力较为庞大。

当时花山部落大首领联合其他小部落结成联盟，而岩画就是记录当时部落会盟的绘画。左江流域几百千米的石山壁都发现了零星的岩画，跟花山岩画相比，其他岩画规模较小，但画中的人形大同小异，由此可以推测，岩画的分布显示了这个部落联盟的范围，也象征了各个大小部落头人的权力。

另外还有一种说法，认为骆越人绘制花山岩画是为了祭祀神明。古时人们的原始宗教崇拜非常虔诚，对祭祀活动尤为重视，每逢祭祀均耗费大量人力物力。即便如此，他们还是觉得不足以表达对神明的供奉，于是就把祭祀的场景描绘在岩壁上，用岩画打造一场永不落幕的祭礼。

除此之外，还有“誓师”“庆功”“镇水”等多种说法，尽管每一

壮族蛙舞岩画

种理论都能自圆其说，但因为没有任何确切史料加以佐证，只能是一种假说。

红色岩画

同时，花山岩画表达着怎样的主题？那些错综复杂的符号各代表了什么意思？人物为何整齐划一地跳起舞来？这也是一个难解之谜。

从众多人物的姿态上看，画面更像是一场盛大的祭祀或节日庆典。画中人物大多双臂向两侧平伸，曲肘上举，双腿分开成屈蹲，明显是模仿青蛙的姿态，而蛙神崇拜正是壮族的古老传统，青蛙舞至今仍在民间有所流传。

另外，画面中出现很多铜鼓，这种重要的礼器也多用于祭祀场合。另外，一些人物形象有明显的性别特征，画面出现了身怀六甲的妇女、成群结队的小人，有人认为这反映了古骆越人的生殖崇拜。

据这些内容可以推断，画面表达了一种欢乐、庄严、神圣的场面，如果不是祭祀，也是某种庆祝仪式。而在古代骆越人的生活当中，盛大的节日庆典，往往是和祭祀同时进行的，在举行仪式的过程当中，当然也少不了敲铜鼓、跳蛙舞。

不管画面具体描述了哪一种场景，它都实实在在地反映了古骆越人的生活场景，表达了人们对英雄的

蛙神 我国古代百越人眼里的保护神、精灵。先民注意到青蛙的鸣叫声与风雨有着很大关系，通过“青蛙叫，暴雨到”的现象和两栖生存的能力，认为青蛙是能呼风唤雨、驾驭洪水的神灵物，能给人传递风雨的信息，先民便对它产生了恐惧和崇拜，青蛙成了百越先民们的图腾、崇拜的偶像。

绝壁上的岩画

崇敬和对力量的歌颂，以及祈望人畜兴旺、风调雨顺的美好心愿。

根据花山岩画上的羊角钮钟、环手刀、铜鼓等器具的形制，基本可以确定岩画创作于战国至东汉时期，距今已有2000多年的历史。

令人称奇的是，经历了如此久远年代的风吹日晒雨淋，壁画的颜色仍然非常鲜艳，不知先民们是用什么颜料作画的？

在如斧劈刀削般高耸险峻的崖壁上，这些图像又是怎么画上去的？这是古人对花山岩画的感叹，也提出了让人百思不得其解的两个疑问。

关于绘画的颜料，通过检测，发现其中的主要成分是一种天然矿物质原料赤铁矿。然而只有这天然赤矿粉，无法在坚硬、光滑而且直立的崖壁上作画，必

泼墨 我国国画的一种画法，用笔蘸墨汁大片地洒在纸上或绢上，画出物体形象，像把墨汁泼上去一样，画面气势奔放，如泼墨山水。用极湿墨，即大笔蘸上饱和之水墨，下笔要快，慢则下笔墨水渗开，不见点画，等干或将干之后，再用浓墨泼，即在较淡墨上，加上较浓之笔，使这一块淡墨增加层次。

须配以黏合剂调和。

经过进一步检验，发现颜料里的确包含有胶着剂成分，但是检测出来的胶类，到底是植物胶还是动物胶？以当时较为原始的提炼工艺，古骆越人又是如何获取这些成分的？胶与赤铁矿又是如何配制的？这又给后人留下了许多谜团。

数千年不变色的颜料配方，或许可以理解为古人偶然得到的，毕竟这还在经验和常识的范畴内。

而他们如何“飞上”半空，在高达40米的岩壁上画画，则令人百思不得其解，发出“悬崖峭壁费登攀，泼墨涂朱更觉难”的感叹。

这里也有几种猜测：

其一，自下而上攀援法，即利用崖壁画上部或下部的树枝、树根或岩石裂隙等地形地物，攀援而上到达作画地点的方法。

然而，在崖壁上有许多倒石锥坡、错落体、台地或石坎，这些画面位置有一定的高度，根本没有支撑点，而且崖壁陡峭光滑，无法攀

红色岩画

登，站立尚且艰难，作画更不可能。

其二，自上而下悬吊法，此方法是以绳索、藤条之类为辅助工具，利用树根、岩缝等地物，从崖壁顶部悬吊攀援而下，这样就能顺利到达作画地点。

但是，整座花山崖壁呈向外倾斜姿势，底陷上突，从崖顶到地面的垂直点与岩壁的距离达20多米。如从崖顶往下吊人，无论如何也难于贴近崖壁。

其三，高水位浮船法，这是在山洪暴发、江水上涨之时，利用高水位浮船或木排到画壁下作画的方法。

然而，画像最高处距地面40多米，如果江水真的涨到这一高度，明江流域早已一片江洋，在这种情况下画师还有闲情逸致作画，那他们的心理素质恐怕非比寻常，强大得不可思议。

其四，直接搭架法，在坎坡上构搭一定高度的木架，画者攀在木架上作画。

这种方法看似比较合理，但也有缺陷。从崖底至河边的平台最窄

宁明花山岩画

处仅3米宽，要搭架子，必须得从河里搭起，其难度可想而知。总之，这些猜想无一例外地有着重大的缺陷，无法解决登高绘画的问题。

而关于岩画的内容，又是另外一个不解之谜，由于花山岩画历史久远，又缺少相关文献记载，各种观点说法不一，至今还没有定论。

从岩画中，不仅可以看到壮族先民古骆越人的绘画艺术成就，还感受到了古代壮族社会生活内容的丰富和勤劳、勇敢、奋斗的民族精神。

阅读链接

花山，早在宋、明时期已有关于岩画的记录。1954年，广西壮族自治区文化厅首先组织人到花山进行了初步调查，拍摄了照片。

1956年，广西少数民族社会历史调查组成立后，由广西民族学、历史学、考古学的科学工作者和中央民族学院的师生组成了正式考察队，便前往宁明县明江一带的岩画点进行科研、调查和临摹。这次调查是有史以来对左江流域崖壁画的第一次科学考察。

当年，在广西壮族自治区政协礼堂将崖壁画临摹图，及调查所得文物举办了一次小型展览，并邀请各界人士召开了一次报告会。一些相关报道发表后，引起全国学术界的注意，因此，花山崖壁画就成了我国著名的岩画点之一。

1985年，左江流域崖壁画考察团，再次赴左江考察，接着又在南宁举行了学术讨论会，会上许多学者、专家对左江崖壁画的一些主要问题，看法已逐渐趋向一致。

汉彝交融的博什瓦黑岩画

博什瓦黑石刻岩画为唐宋时代南诏大理国时期的彝族宗教文物遗迹。它位于四川省昭觉县城西南部的碗厂乡团结村博什瓦黑的南坡上。博什瓦黑，彝族译音，意为“岩石上的龙蛇”。

鹿与马岩画

动物岩画

博什瓦黑石刻岩画掩映在松树林和杜鹃林中的海拔2700米处，岩画面积440平方米。画像在16块天然巨大的岩壁上阴刻19组27幅，最大的一块顶部面积约200平方米。

27幅岩画中，神佛像47尊、世俗人物15个、佛塔2座、禽兽25个。这批岩画，规模宏大、气势磅礴；描绘逼真、入木三分；形象生动、风格各异；画面宏大、国内罕见。

博什瓦黑岩画具有浓厚的时代地方特色和典型的彝汉民族大融合的风格，为唐代南诏和宋朝大理时期所营造的大型密宗摩崖造像，是一处主要镌刻南诏时期的岩画。

唐朝后期，大小凉山并入南诏国，置建昌府，南诏灭亡后，此地区归大理段氏政权统治，因此，博什瓦黑地区曾是南诏国的管辖范围，此地曾经也是唐中

大理国 我国宋代以白族为主体的少数民族在云南一带建立的少数民族国家。937年，通海节度段思平灭南诏建国，定都羊苴咩城，国号大理，因举国尊崇佛教，又称妙香国。1095年，高升泰改国号为大中国，1096年，高升泰在死后归政于段正淳，史称后理国。

四大金刚 在佛教中，四大金刚指泼法金刚、胜至金刚、大力金刚、永住金刚。我国民间神像"四大金刚"也指四大天王，即东方持国天王、南方增长天王、西方广目天王、北方多闻天王。在我国的寺庙中，四天王手中分别持剑、琵琶、伞、蛇等物，象征风、调、雨、顺。

原内地通往云南和南洋的"南方丝绸之路"的通道之一。

古时当地彝族人民敬奉博什瓦黑为神地，由此演绎出许许多多的神话故事、迷信传说与禁忌，行人多绕道而行，加之百年苔藓的掩盖，使博什瓦黑石刻岩画较好地保存下来。

南诏时期与唐王朝关系密切，因此，那里受到内地汉文化的影响是比较浓烈的，特别是南诏国王任用汉族人郑回为清平官，更加促进了彝汉文化的交流。博什瓦黑岩画是这方面的活化石。

除少数原始岩画外，博什瓦黑岩画绝大部分是佛教阴线镌刻画像，部分造像的面部采用浅浮雕手法。

博什瓦黑石刻岩画分为南、西、北3个岩画区，南区有8处岩画石刻，西区有5处岩画石刻，北区有3

■动物岩画

■岩画《狩猎图》

处岩画石刻。

南区位于博什瓦黑山坡中下部，邻近博什瓦黑河的北岸，是整个岩画的主区，其中有一处刻石最大，是南区的中心。

此处有《卧佛图》，也有说它是古彝人的《超度送灵仪式图》。在这块巨石上较平整的上方凿刻了一卧佛，卧佛头枕着左臂，静静地入定躺着。卧佛左上方刻有一小人，当地人说雕刻的是彝人传世英雄支格阿龙，这块大石头上的岩画，已年代久远，严重风化，看得不是很清晰了。

另外一处石头上刻画的是人们常说的佛教里“四大金刚”，用写实的手法刻画了威武雄壮手持弓箭武器的4位武士。他们各个赤着胳膊和脚，瞪着大眼，有所向无敌之气势，线条简练而不失张力，作者以满腔的热忱、粗犷中带细腻的手法表现了南诏国

麒麟 亦作“骐麟”，简称“麟”，是我国古籍中所记载的一种动物，主太平、长寿。麒麟是龙头，马身，鱼鳞，与凤、龟、龙共称为“四灵”。它是神的坐骑，古人把麒麟当作仁兽、瑞兽。雄性称麒，雌性称麟。麒麟是凶猛的瑞兽，且护主心特别强，有招财纳福、镇宅辟邪的作用。

毕摩 彝语音译，"毕"为"念经"之意，"摩"为"有知识的长者"。毕摩神通广大，学识渊博，主要职能有作法、司祭、行医、占卜等活动；其文化职能是整理、规范、传授彝族文字，撰写和传抄典籍。在彝族人民心目中，毕摩是整个彝族社会中的知识分子，是彝族文化的维护者和传播者。

时的尚武精神。

南区内其他几块石头上还雕有龙、龟、麒麟等图腾，释迦、观音、明王、毕摩造像等。

《毕摩作法图》中以写实的手法刻画了一位留着卷发辫子的大毕摩，他面容祥和，戴着大玛瑙耳环，盘腿而坐，手持毕摩祭司的法器神扇，正在做法术。

在《毕摩作法图》中，以娴熟的岩刻技法塑造了一位法力高强而充满智慧和灵性的毕摩形象：他用铁链拴着狼做祭物，以超凡的法力招来了"神鹰"，即毕摩的附体之神"安萨"，展翅飞向毕摩的方向，造型准确而生动，往前飞越的动势在岩石的二维平面上表现出了完美合理的透视关系，线条凝重而流畅，显示神鹰风雨无阻的神力。

■岩画舞蹈

毕摩、神鹰、狼构成了一幅超越世俗的作法场面，作者的确独具匠心，这样一幅作品确能力透毕摩文化的精髓内涵。

另外，支格阿龙的传说，在西南彝族地区广为传颂，他智勇双全，骑着"双翼神马"云游四方，为民除害、斩妖除魔，射死多余的日月，除掉无恶不作的恐龙，成了千百年来彝族人民传颂的英雄。

从彝汉题材同时出现在一个

■ 手掌岩画

岩画群中的状况，可以证实南诏国时期是一个民族大融合的时期，博什瓦黑岩画呈现的是彝汉从“文化混血”到“艺术混血”的现象。

西区位于南区的西部，共有5处刻石，最南边一处刻石有一尊男性像，该刻石右侧有4处刻石。

北区位于山顶，有3处刻石，其中2处靠西，岩画刻线技法粗犷，刻的是小型人物。其东南边的悬岩有一横长形岩石，在岩石南面较光滑处刻有一幅6人骑马的出行图，气势庞大，人称《南诏王出巡图》。

这幅《南诏王出巡图》岩画中清晰可见南诏王具有深厚的帝王气质，气宇轩昂，头戴高冠，高居马背，头顶上空一条巨龙腾空而舞，前后侍从簇拥，浩浩荡荡结队而行。

《南诏王出巡图》构图严谨，形象逼真，准确生

南诏 是我国唐朝时期西南部的奴隶制政权，包括今日云南全境及贵州、四川、西藏、越南、缅甸的部分土地。由蒙舍诏首领皮罗阁在738年建立，南诏在西南历史上起着重要作用，它是西南地区第一个统一的王朝，也是西南历史上最强大的王朝。

动物岩画

动，画中人骑马出巡，错落有致，疏密得当地安排画面主体，特别是骑马人比例准确而生动，娴熟的阴刻造“线”运用得轻松自如，凿刻了姿态不同的马和特征各异的骑马人。

画中还有两只跟着马队脚下跑的猎狗，一前一后之间既有向前行跑的速度，又有相互呼应的生动性，而且从狗的造型上分析是彝族人特有的“土猎狗”。

此幅岩画是该岩画群中精彩的作品之一，古老的南诏艺人们充分利用这块岩石走势，从视觉的张力角度出发，从整体到局部把构图经营得饱满而紧凑、完美而和谐。

这些岩画作品就像活化石般阐释着这片土地上已经被岁月淹没的年代，阐释着那个年代神秘的南诏文化，阐释着彝汉文化进入到一个崭新的“混血时代”的具体实例。正因如此，博什瓦黑岩画也形成了自己独特的艺术语言魅力。

博什瓦黑岩画是人类已进入铁器文明时代的唐代南诏时期的凿刻岩画。此岩画群磨刻和凿刻两种技法均有运用，造型功力深厚，无论表现人物、动物，其技法技巧均达到了相当高的水平，其造型写实能力真可谓已达到炉火纯青的地步。

在刻线技法上，博什瓦黑岩画融合毕摩画“线

白描 中国画技法名。是古代“白画”的发展。用墨线勾描物象，不着颜色。多数指人物和花卉画。我国古代有许多白描大师，如吴道子、赵孟頫、顾恺之、李公麟等都取得了突出成就。宋元间也有画家采用白描手法来描绘花鸟，如北宋仲仁，南宋扬无咎，元代赵孟坚、张守正等。

描”技法和国画“白描”技法，兼收并蓄、自成一体，用锋利的刻画工具创造了具有毕摩画特质的线描效果，线条简约而古朴，达到一种“神秘的写实主义”效果。

同时，也不失中国画白描中“线描”技法，巧妙利用每块石头之造型走势，得体安排画之总要，从整体上合理把握每幅画的大局，达到整体到局部的完美统一。

博什瓦黑画中虽无随类赋彩于岩画上，但看其对人与物精彩而生动的刻画，可以说南诏岩画大师们给石头赋予了生命，从中可以体会到南诏时期岩画艺术中融本土绘画技法和中原汉族绘画技法为一炉的刻石方法。

博什瓦黑岩画是南诏彝族和汉族人民的物质与精神活动的缩影，用古老的岩画语言阐释当时人们的生活习俗、宗教信仰，记录着这个远古民族那一段原本就难以寻觅到史料实证的生存历史，并将其符号化、直观化，使之成为研究南诏文化艺术的桥梁。

佛教自魏晋时期传入我国以来，佛教艺术以其博大而精深、灿烂而耀眼的风貌闪亮在中华大地上，它以石刻壁画艺术直观的方式阐释

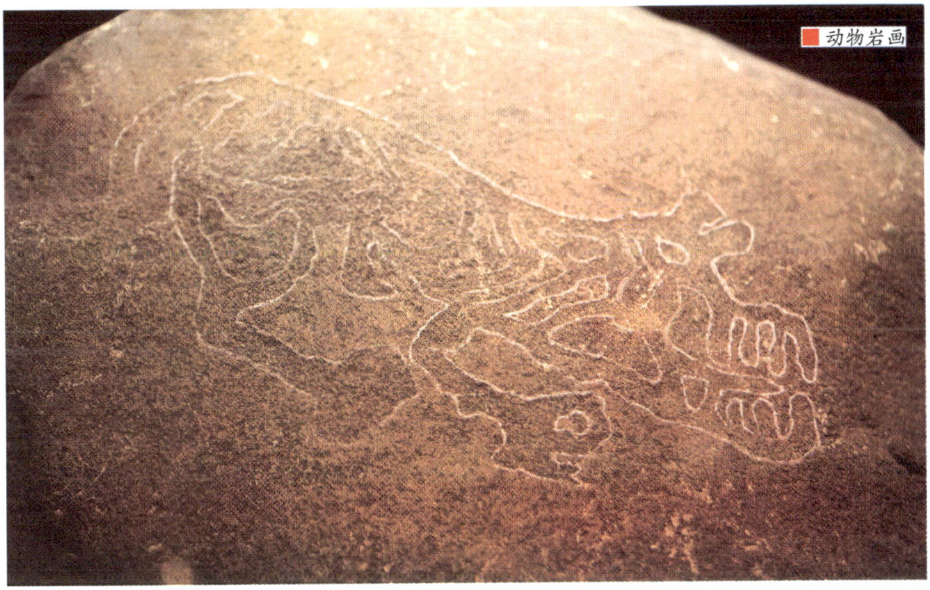
动物岩画

了繁杂的佛教经书内容，给深奥难译的经书文字内容赋予图像化的解释，使之能通俗易懂地宣扬佛家思想，达到普度众生之目的。

在博什瓦黑岩画群中，佛教造像占有很重要的比重。例如《超度送灵图》《论禅图》等无一不传扬着佛教艺术深邃的文化内涵，同时说明了南诏人民对佛教的虔诚信仰，政教合一的体制在南诏形成。

图腾崇拜是我国众多岩画中一个永恒的题材，无论是北方岩画还是南方的原始岩画中都出现了很多“图腾文化”方面的内容；在博什瓦黑岩画中也出现了龙、鹰、鱼、麒麟等诸多图腾造像，更加丰富了岩画的内容和形式。

鹰是彝族崇拜的图腾之一，彝族民间关于鹰的传说很多，如鹰与濮嫫娌也的故事、彝族毕摩与“鹰文化”的传承等，已经成为中外彝学界探究的重要内容。

阅读链接

博什瓦黑岩画不仅有较高的艺术欣赏价值，而且有极高的历史考古价值，为研究我国西南地方史、宗教史、民族史、文化艺术史以及南方的佛教艺术在我国的传播，提供了重要的原始资料，是研究南诏国地方政权的政治、军事、经济、文化活动的有力佐证，还为了解当地历史、佛教的传播以及古代民族关系提供了新的史料。

自1981年报纸报道以后，很快驰名中外，吸引了国内外很多学者和旅游者前往参观考察。博什瓦黑岩画与南诏腹地的南诏重要文物“南诏德化碑”“崇胜寺三塔”“剑川石窟”具有同等的历史地位。

1991年，四川省人民政府公布博什瓦黑岩画为四川省文物保护单位。

其他岩画

我国岩画除了南、北两大系统外，东南沿海地区和西北高原地区的岩画也自成体系，各有自己的特点。

东南沿海地区的江苏、安徽、福建、广州、香港、澳门、台湾也有大量岩画，它们主要反映人类与出海活动有关的事件，多有抽象性的符号，用磨刻的方法制成。

西北高原由于具有自然环境、经济形态、文化面貌和居民生活状态的一致性，所以岩画的文化内涵和特点肯定也是相近的。

东南沿海代表的福建岩画

福建省的岩画在东南地区相对较为丰富，有福州市九曲山岩画、华安县岩画、东山县岣嵝山岩画、漳浦县岩画、南靖县村雅村岩画、仙脚印岩画、诏安县龙山岩画、东门屿岩画等10多处。其中以华安县岩画、东山县岣嵝山岩画和漳浦县岩画富有代表性。

九曲山岩画位于福州市城门镇林浦瑞迹岭瑞迹寺后井边岩壁上。

福建岩画

岩画南向，刻在4块重叠交错的天然岩石上，5幅成一组。

福建地区的山羊岩画

最上一幅呈凤凰形，岩面阳刻几何形云纹。中间一幅呈三角形，阳刻几何云雷纹。左下侧相邻两幅分列，为阴刻雨纹图案。右下幅阴刻一图，似为文字。该岩画凿刻时间当为秦汉至唐之间，可能为祈雨图。

华安县岩画广泛地分布于福建南部九龙江下游及其以东地区，除仙字潭之外，没有大面积多图形的地点，一般是在孤零零的一块岩石上刻石作画。有以下9处：

石井岩画。位于华安县湖彬乡石井村后溪林内，主要凿刻着5个大小不等的圆形凹穴。

蕉林岩画。位于华安县之南稍偏西的新圩乡蕉林村。这里巨石棋布，岩画主要反映了蛇的题材。

高安岩画。岩画点在县城西南的临溪。岩画由大小均等的11个圆穴组成，可能是星象图。

良村岩画。岩画点在良村乡芹岭村，画面的主题图案为“十”字形，除此之外还散布着圆穴、足印，以及类似鸟形的刻画。

仙字潭岩画。在九龙江支流汰溪的北岸，地属华安县沙建乡苦田村。九龙江的支流汰溪由此流过，并

仙字潭 位于福建省漳州市华安县沙建镇许田村，九龙江支流的汰溪下游，距漳州市区34千米。这里两山夹峙，溪流弯曲成潭，北岸峭壁林立，岩壁上散布着几组古怪苍老、似字又有别于传统观念上的文字，似画又过于抽象变形的文化符号，由于年代久远，深奥难懂，讹传为神仙所书，故名“仙字潭”。

折而东流，形成一个较大的河湾。

岩画刻于临水的石壁上，人们称之为“仙人题字”，故名仙字潭。岩画长约30米，高约2.5米~5米，从西向东依次分为数组，以人面像、舞蹈以及其他人物活动为主，图像中还散布着各种符号。

仙字潭石刻共有6处，自东往西长30多米。除一处汉字“营头至九龙山南安县界”外，其他5处共36个符号。既像图画，又像文字，有的如王者坐地，有的仿武士争斗，有的若舞女蹁跹，有的如兽面狰狞，有的像俘虏被执，有的似人首落地，千奇百怪，其意难以索解。

从图像造型看，仙字潭石刻是书画同源的一个标本，是由图向文字过渡演变中的一种象形艺术杰作，因此，从某种角度来看，它的意义并不亚于甲骨文、金文的价值。

于是，有人就用甲骨金文进行套译，所译内容虽略有不同，但都认为是氏族部落战争的记功石刻。

这些石刻究竟属于哪个民族的文化遗存也有争论。一种认为是古代“七闽”部落的遗迹，一种认为是古代番族、吴族、越族之间一次战争的记功石刻，一种认为是畲族先民遗留下的文字。

石门坑岩画。岩画点在华安县城东北方，九龙江在其西侧流过。岩画磨刻在山上路边的一块孤石上，孤石旁边有深沟。画面最右边是套在一起的两个蹄印形。下边图像较密集，是11个蹄印。

草籽山岩画。该岩画点位于华安县马坑乡，岩画磨刻在一块孤石上。画面由5个蹄形组成，另有数个蛇形图案。

官畲岩画。在华安县东南的新圩乡官畲村。岩画凿刻在官畲村坟仔翰稻田边的一块孤石上。画面由7个符号构成，符号大致表现了蹄印和动物形。

湖林脚印岩画。在华安县湖林乡下溪边的石桥头，有男女足迹各一个，相距约一米；湖林乡猴仔树岭中段，也有一脚印。

畲族 我国东南的少数民族之一，发源于广东东部，现在主要分布在浙江省景宁畲族自治县以及福建、江西、广东、安徽等省的部分山区，多数与汉族杂居，畲族与汉族客家民系关系极其密切，彼此语言风俗相近。畲族主要以农业为主，农产品主要以稻谷、红薯、小麦、油菜、烟叶为主。

博物馆中收藏的骑马岩画

■福建岩画中的动物群

海月岩 位于福建漳浦梁山东麓，背山面海。宋时建，辟石洞为佛台，俯瞰大海，每当月华初上，必照佛顶，故名。寺内石壁上雕有如来佛一尊，旭日初照，谓之“日出窥禅”。中秋之夜，月光经岩下“羊角潭”水，反射佛胸，谓之“月照禅心”。恰如大雄宝殿一副对联所云：“海气凝云云气结成罗汉相，月光映水水光返照菩提心。”

东山县峋嵝山岩画位于福建东山岛铜山古城东门海滨的峋嵝山上，共两幅。

第一幅位于一块巨石上，凿刻以女性生殖器为主题的图案；第二幅位于一巨石之顶，在石顶正中有一圆形的大凹穴。坑底有一人足印。

福建漳浦县岩画共有5处：

墓坑岩画。在漳浦县石榴乡寸石山上，凿刻在农田中一块孤石之顶，岩画已破坏。据拓片来看，左边一个双臂上举的人，两腿开叉成一条直线。画面中部似一动物的形状，右边还有些符号形。在这些图像之间，还有一些不规则的杂乱符号。

海月岩岩画。凿刻在海月岩南边的山顶岩盘上。岩画内容为一些脚印，脚印走向朝南。

赵家堡岩画。内容为人的脚印，不过画面几乎已消失殆尽。

石妈堡岩画。在县城东面10千米处的山脚下，山下有一巨石，巨石周围又有小石围绕，似为一“社神石”的遗迹，石上刻有高浮雕，其状似女性生殖器。

大荟山岩画。在县东的佛坛镇下坑村，与金门岛隔海相望。这里凿刻了2组岩画，共6幅画面，内容有马蹄形、小圆穴、同心半圆形、蛇形线刻等，似有不少星座的图像，如北斗星座的刻画，表现了浓郁的天体崇拜意识。

福建东门屿东距台湾约185千米，与东山主岛隔海相距1.5千米，面积约1000平方米，与1387年建成的铜山古城遥遥相对，东门屿由此而得名。

东门屿主峰有明嘉靖五年（1526）修建的文峰塔，其东北面山腰有“云山石室”“石斋”等黄道周读书处遗迹以及多处明清时期摩崖石刻。

东门屿有一处太阳纹岩画遗迹，周围多处岩画，散布在东门屿主峰文峰塔东侧的山坡岩石上，数量达七八处之多，形成一处颇为壮观的太阳纹岩画群。

其中一处最明显的岩画位于文峰塔南侧的磐石

黄道周 （1585－1646年），明末学者、书画家。字幼玄，一作幼平或幼元，又字螭若、螭平，号石斋，福建漳浦铜山人。天启二年（1622）进士，深得考官袁可立赏识，历官翰林院修撰、詹事府少詹事。南明隆武时，任吏部兼兵部尚书、武英殿大学士。

■人物岩画

岩画上的部落生活场景

上。岩画的西侧、北侧、东北侧和东侧均巨岩林立，抬头见石，东南侧与南侧则视野开阔，面对一望无际的大海。纵贯山顶的小径经过岩画北侧，岩画南侧为主峰的陡坡。

岩画的东面正前方略偏北处有一块巨石相对，岩画与巨石之间形成一块平地。

此外，岩画的南侧与东南侧另有小面积平坦的岩面。立于岩画前而稍向东南转身，则海阔天空，可目及远处的海平面。

一处岩画所在的岩石略向西北倾斜，呈不规则形，岩面较为平整，其右下部向地下延伸，左下部由于自然风化而崩缺，崩缺处有一大石块相抵。崩缺部位上缘呈半圆弧形，明显经人工修整凿成深凹的半圆，并在半圆弧之上深深雕刻着9道放射线，构成一幅巨大的“旭日东升、光芒万丈”的岩画。

这块岩画9道放射线长短参差不齐，每道放射线均与半圆弧形边缘相通，刻痕起端粗大渐向末端收小，刻痕宽2~12厘米、深1~3厘米。刻痕较深重而圆润，人工痕迹明显。

在岩画所在部位，原有的石面上即遗留有因自然风化而形成的放射状条纹，只是这些条纹均不甚规整，深浅不一，隐约而模糊。

此外，右起第二道刻痕则反映了另一种情况，它的上段保留着较深的微曲的自然条纹，下段则经人工雕刻，使自然条纹通向下面的半圆弧形缺口。

在岩画的正下方部位，石块被雕琢成台阶状，台面微向前倾，中间宽，两边渐窄。

这块被人工凿出台阶的岩石，酷似置于岩画前的一把交椅或一只香案。古人素有太阳神崇拜的习俗，因此该岩画内容应为太阳神，而岩画前的人工凿石，可能是太阳神前的祭台。

另外，刻有太阳神的巨大磐石稍稍后倾，顶端与后面的另一块巨石相倚，构成一个近似三角形的石洞，成为岩画遗迹一个十分特殊的环境。洞内地面平整，南北相通，上部为岩石所遮蔽小洞室。

这些岩画群可能是史前时代的遗迹，也可能是南岛语族的祖先留下来的一种崇拜太阳的岩刻痕迹。说明这个岛屿至少在史前时代有很多人就在这里活动，因为它像一个宗教圣地一样，像一个比较集中的宗教活动区域，它最重要的神就是太阳神。

交椅 因其椅足呈交叉状，故名。起源于古代的马扎，可以说是带靠背的马札。我国汉以前的家具都属低面家具，无坐具，人们席地而坐，只有案几而无桌子。到了汉代，北方游牧民族的“胡床”传入。隋朝时，因为忌讳说“胡”字，而且这种椅子的特点是木头的双脚交叉，张开以后才能平稳，所以改称“交椅”。

■岩画

太阳纹岩画是母系氏族社会人类天道崇拜的表现，反映人类最初的天文知识：日月经天、星回斗移，太阳带来光明和温暖，带来生命和繁衍。

岩画以优美丰富的形象，表现古代社会的经济、生活、科学、宗教、文化、艺术等方面的内容。当时还处在没有文字的年代，古人用这些岩画记录他们的意愿和要求。

东门屿太阳纹岩画的特点：一是规模大；二是利用岩石一些裂痕雕刻成半圆形，放射线非常深。前面有一块石头雕成一个祭台，附近发现石锛、石斧等，可见那时人们对太阳崇拜的炽热，说明当时生活在东门屿上的先民把太阳神作为他们的最高神崇拜。

阅读链接

福建仙字潭摩崖石刻是福建省首批公布的省级文物保护单位。这些石刻吸引了古今许多名人学者。早在1000多年前就被发现。另外，据宋《太平广记》引张读《宣室志》记载：“泉州之南有山焉。其山峻起壁立，下有潭水，深不可测，周十余亩……石壁之上有凿成文字一十九言，字势甚古，郡中士庶，无能知者。”

有人持仙字的拓本，请教在洛阳的韩愈，经韩潜心精研后，破译道：“似上帝责蛟螭之辞。”但不知有何根据。

到了近代，岭南大学黄仲琴教授于1915年率先深入到荆棘丛生的仙字潭做实地调查，《汰溪古文》就岩画的位置、形态、结构第一次做了科学描述，可惜黄教授在潭边遥观，仅发现10个图像，记述过于简略。

1988年，在华安举办的“漳州地区摩崖石刻学术讨论会”，掀起了对仙字潭摩崖石刻研究的热潮，在专家中展开了一场“字乎？画乎？”的大争论。

这次争论的结果，众说纷纭，莫衷一是。持“文字说”的专家认为，崖刻是文字的雏形，基本具备文字的特征。

越人代表的粤港澳台岩画

我国广东、香港、澳门、台湾等地的岩画，都与古代的越人有关，是越人在使用文字之前，站在自己的文化圈里创造了这些岩画。

广东珠海市有岩画5处，其中在高栏岛宝镜湾有“藏宝洞”“大坪石”“天才石”和“宝镜石”4处共6幅岩画。

藏宝洞岩画，在宝镜湾北侧的风猛鹰山的半山腰处，两巨石相夹成一洞。顶部有两块巨石覆盖。东、西

岩画猴头像

两壁均有刻画。

画面线条繁复，图形反映了出海的船队、人物和云纹、水波纹等纹样，组成一个完整的巨大的图案。西壁岩画的画面受损较为严重，刻痕的风格与东壁画面相近。

藏宝洞东壁岩画中呈现出四大部分：一是以龙、凤、夔、蛇为代表的各部落氏族的聚合；二是以载王之舟为主的一组图像；三是以群舟待发及船上一群群铮铮铁汉为主体的海上船队；四是男觋、女巫及人牲的庄严祭祀场景。

祭祀的隆重肃杀和图腾与载王之舟的对抗形态，透露出这场大聚会绝不是一次和风细雨、歌舞升平的庆典，极有可能是争斗的双方，在祭祀的仪式中追求神示的裁决，而神示的结果，极有可能是有一方不得不远离故土，乘舟入海去寻找新的家园。

大坪石岩画，在宝镜湾藏宝洞顶部南边，画面中

夔 传说中的一条腿的怪物。《山海经·大荒经》记载：夔牛是神兽，古时生于东海流波山，形状似牛，全身都是灰色的，没有长角，只长了一只脚，每次出现都会有狂风暴雨。它身上还闪耀着光芒，似日光和月光，它的吼声和雷声一样震耳欲聋。后来黄帝得到这种兽，用它的皮制成鼓并用雷兽的骨做槌，敲击鼓，鼓声响彻五百里之外，威慑天下。

心的图案似为两条船形，船下刻有类似人物或动物。该画面所反映的内容似与古人出海前为祈求平安而举行的祭祀活动有关。画面已极模糊难以辨认。

天才石岩画，岩画被刻于宝镜湾的沙滩南端的巨石上，但也因岩面模糊，其意难以辨识。

宝镜石岩画，在宝镜湾岸边有一块孤立的石头，岩画的内容主要是一个圆圈，圆圈内又有半月形弧线，并有圆点和短线。民间以为样子似一面古镜，故称“宝镜石”。

葫芦石岩画，在珠海市平沙区连湾山腰处的西北斜坡上，有一处岩画，岩画上主要刻画了两个椭圆形图案，因略似葫芦，人称葫芦石。画面右上角，有一圆穴的凿刻点。

宝镜湾岩画散布于海湾所在的山腰、山麓200米范围内，在岩画附近的沙丘和山冈上采集到新石器时

祭祀 是华夏礼典的一部分，更是儒教礼仪中最重要的部分，礼有五经，莫重于祭，是以事神致福。根据祭祀对象分为3类：天神、地祇、人鬼。天神称祀，地祇称祭，宗庙称享。祭祀有严格的等级界限。天神地祇只能由天子祭祀；诸侯大夫可以祭祀山川；士庶人则只能祭祀自己的祖先和灶神。

古越人的岩画

石器 是指以岩石为原料制作的工具，它是人类最初的主要生产工具，盛行于人类历史的初期阶段。从人类出现直到青铜器出现前，共经历了二三百万年，属于原始社会时期。根据不同的发展阶段，又可分为旧石器时代和新石器时代，也有人将新、旧石器时代之间列出一个过渡的中石器时代。

代晚期的陶片和石器，证明很早便有人类在此活动。此岩画为广东仅见，与我国北方、西南岩画风格迥异，具有重要的历史、艺术、科研、旅游价值。

台湾高雄万山岩雕群：在高雄镯口溪上源的万山溪北岸，该地为万山旧社，附近有3处岩画。

孤巴察峨岩画，“孤巴察峨”原意是指有花纹的石头。这里的岩画也是这一带岩画中最精彩的一幅。略可分为蛇纹、人头像、全身人像、云纹、圆涡纹、重圆、杯状小圆坑穴、凹点等十几类。

祖布里里岩画，该画面以圆穴、足掌纹为其表现的主题，并有几十个凹点零星散置着，整个图像分布在横向的带状区域中。

香港岩画共有9处：

石壁岩画。有下石壁和上石壁两处：下石壁岩画在香港大屿山南端。岩画表现的主题是正方形螺纹饰

■ 古越人留下的精美岩画

和同心圆，其中最大一幅岩画由6个正方形的螺纹组成。上石壁画面上刻于一块扁平圆石上，图形由细小的方格组成两个正方形。

长洲岩画。位于长洲岛的东南部。石刻是在一块露头的大石上，因为高出海岸线不多，图案现在侵蚀严重。这里有两组画面，均由一些曲线和圆穴构成。似有两蛇相间的图形，画面中间还散布着一些小圆穴。

大浪湾岩画。该岩画点在香港岛东南大浪湾海滩的东侧，图形以曲线组成，形状抽象，中央图案似为双“眼”，似乎是有眼的蛇头。其左右及下方均有复杂的几何纹线。这里的石刻面积较大，可能是表现鸟兽的图形，反映了原始的图腾崇拜。

黄竹坑岩画。该岩画在香港岛南黄竹坑的一小溪边。香港的岩画大都在海滨，唯此刻深入内陆1000米。岩画画面上以一些方形或圆形的涡旋纹图案刻画为主，还有一些符号，图案内容比较抽象，有的好似兽面，有的像是一个舞蹈的女人。

蒲台岛岩画。该岩画点在香港岛东南海中蒲台岛南端。是一朝南的石刻，离开水面约5米，几乎垂直，这里有一条石缝隔开两组岩画，西侧的一组主题仍是一些纹饰，有些纹饰貌似兽面，有的似动物形象，还有一些为螺纹。

东龙岩画。该岩画点在香港岛东面海中孤岛东龙洲。距海5米。该岩画被一岩石裂缝隔成两半，右边的一半画面上有一羽毛丰润、冠饰奢华的鸟，刻画的线条很流畅；左侧的一半画面十分抽象，可能是鸟捕鱼的情景，或认为是一个戴有头饰的人面像。

龙虾湾岩画。该岩画点在九龙东部海边的龙虾湾路北侧。岩画刻于面东的一块大石上。该岩画的刻痕已经很模糊，画面上凿刻着大量繁密的横向曲线，粗看似群蛇奔走，细细审之似有人面像和鸟兽纹样，无法确认。

滘西洲岩画。该岩画点在香港滘西洲北岸上。离最高水位仅2米。该岩画风化得极为严重，下半部分已漫漶难识，只是依稀可见一些鸟兽图纹。

大庙湾岩画。该岩画为几条抽象的长曲线，含义不清。

阅读链接

台湾高雄的崖雕有丰富的历史研究价值。万山岩雕群位于高雄市茂林乡鲁凯族万山社的传统领域中，是高业荣于1978年研究鲁凯族文化时，经万山族人带领而发现的。

因为是台湾史前艺术的重大发现，截至2008年，万山岩雕群共有4处14座岩雕被发现。

万山岩雕图案母题具有族群文化发展的高度价值，同时具有高度叙事的含义。岩雕母题有具体构图，非为杂乱无章即兴之作。族群社会利用图案母题表现故事，显示该社会已有高度发展：万山岩雕群遗址在文化人类学、建筑学以及相关台湾南岛语族研究上有重要含义。